授業改善8つのアクション

8 actions to improve the lesson

京都大学大学院准教授
石井英真
［編著］

東洋館出版社

はじめに――この学びの姿を共有したい

誠実に地味に、当たり前のことを当たり前にやっている、それでいて未来形の学びがそこにある。この子どもたちの、そして、教師たちの学びの姿のエッセンスを、それを生み出してきた学校改革実践の歩みを、多くの人と共有したい。

そんな思いから生まれたのが本書です。

研究開発学校や国立大学の附属学校などでも、授業のクオリティの高さを感じることはあっても、未来形の学びを感じることは稀です。

未来形の学びといっても、目新しいグループワークの手法や、ＩＣＴなどを駆使したきらびやかなものではありません。それは、教育的なコミュニケーションでありながらも「学校臭さ」を感じさせない、そして、教師の手の内にある「あるべき授業」という不自然さのなかで、授業というコミュニケーションを演じることから自由になり、それゆえに生まれる**新しい教えと学びの形に開かれた教室のコミュニケーションの姿**（教師のさりげない教育的配慮に導かれた子どもたちの自然体の学び）です。

日常生活でなされる質問（知らない人が知っている人に問う）とは異なる、学校でなされる発問（知っている人が知らない人に問う）が象徴的に表しているように、学校という場は、教育的意図の名のもとに、不自然なことがいっぱいです。

他方、そうして不自然に問われることで、日常生活の当たり前を疑ったり、立ち止まって考え直したりすることができ、そうした回り道が日常生活では経験できない育ちをもたらしうるわけです。

しかし、学校という場で子どもたちを育てるために生まれてきたはずの不自然なことが、いつしかその意味が忘れられ、「学ぶということはこうでなければならない」「授業ではこうしなければならない」という固定観念にすり替わってしまい、自然な学びの邪魔をすることがあるように思います。

「小さな学校で４人ほどの教室なのに、子どもがそれぞれ自分の考えを黒板に書いている」

「その前で、会議報告のような説明用に整理された話し方で、『いいですか』などの話型も意識しながら発表している」

「教師は黒板の傍らに立って出てきたものを額に汗してつなぎ、まとめをする」

たとえこのような授業であっても、教師の発問やゆさぶりに導かれながら、みんなで考え、深めていければよいのですが、一つ間違うと、形をなぞり「授業を演じる」ことになりかねません。

実際に4人ほどなら、全員が黒板に向いて座らなくてもいいと私は思います。いっそ車座になって、その輪の中に教師が入るような形でもいい。それによって、教える側と教わる側という垂直的構図がくずれ、コミュニケーションがより水平的でやわらかくなるでしょう。

そして、ノートに書いたことをそのまま見合って（フリーディスカッションのようなテンションで）話し合い、話し合いを通じて子どもたち同士が考えをつなぎ合えれば、教師が無理して頑張らなくても、自ずとまとめが見えてくる。「学校はこうでないといけない」「子どもはこうでなければいけない」「授業とはこういうものだ」といったこだわりから自由になって考えてみるわけです。

「目の前の子どもたちにとって必要なことは何か」「思考を促すのにもっとも自然な形は何か」を考えることで、そこに学校臭くない垢ぬけた学びが姿を現すのです。

「未来形の学び」とは、〝何かそこにあるものである〟といった決まった形ではなく、目の前の子どもたちや、その足元で進行している未来社会の芽に対して開かれ、そのなかで子どもたちにとって自然な学びの姿を模索するプロセスのなかにあるのです。

本書に登場する美土里小・中学校における取組のモチーフが、授業の質の「洗練」ではなく、未来形の学びを感じさせる「学びの変革」であるのは、まさにそのような意味においてなのです。

本書は、美土里小学校・中学校の「学びの変革」を目指した授業改善のストーリーと、それを可能にしたさまざまな具体的な手立て（Chapter-02で8つのアクションを紹介）、および、それを導いてきたヴィジョンや理論（Chapter-01）をまとめたものです。

こうした学校の実践をまとめるに当たっては、子どもたちや先生方の姿、学校の空気感が、少しでもイメージできるように心掛けたつもりです。

特定の学校の取組をまとめた著作は、ともすれば、研究資料や指導案を集成した実践報告的なものとなりがちで、それだと実践の躍動感が伝わらないし、読み物としても面白くない。私も含め、同校の「学びの変革」に取り組んだ当事者が、角度を変えながらも、自分目線でそこで起こった出来事を、そのなかで感じ考えたことを、様々な苦悩や葛藤も含めて記述するような形でまとめました。

こうした取組がどこまで成功し、授業改善のドラマを伝える、読み応えがあり、一般化可能な部分を含んだ実践記録足りえているかは、読者の判断を待ちたいと思います。

本書が、学びや授業の変革に取り組んでいる、全国の先生方やそれを支える人々を励まし、改革の見通しやヒントを与えうるものとなるなら、望外の喜びです。

最後になりましたが、東洋館出版社ならびに担当の高木聡氏には、本書の企画から刊行にいたるまで、多大なご支援をいただきました。ここに記して感謝いたします。

平成30年7月吉日　石井　英真

〈目次〉

はじめに──この学びの姿を共有したい　001

Chapter 01　学び合えるチームが最高の授業をつくる！

美土里小・中学校の「学びの変革」の物語　012
資質・能力ベースとアクティブ・ラーニングが提起していること　019
日本の教師たちが追究してきた創造的な一斉授業の発展的継承　021
「わかる」授業の問い直しと学力の三層構造の意識化　022
練り上げ型授業の問い直しと知識構築学習　026
「教科する」授業というヴィジョン　030
学びの深さと思考の密度　032
カリキュラム・マネジメントの先に何を目指すのか　034
子どもたちの具体的な学びの姿を通してヴィジョンを対話的に共有する　037
子どもと授業の事実を軸に教師たちが対話し協働する場の組織化　041
教師同士が学び合う校内研修をデザインする視点　044
学びの変革の根っこにあるもの　048

Chapter 02 授業改善8つのアクション

Action-01 授業パラダイム・シフト 057

「学びの変革」って、なんなん？ 058

「かたい」授業のどこがいけないの？ 061

論より証拠　実際の授業でイメージを共有化 066

近くて遠い小中連携 069

「学び」をつなぐ根底には「授業観」の共有がある 070

今年の新入生は学ぶ姿勢が違う 074

Action-02 教師のための課題解決プロセス 077

教師が話しすぎない「中学校での授業観」 078

「学びの変革」という中学校教師の意識改革 082

「教科する」ための課題設定と単元計画 086

ホワイトボードは作業台 088
子供たちの声を聞いて、つないで、もどして、広げる 090

Action-03 学び合えるチームが「いい授業」をつくる 093

子供の学びと教師の学びは相似形 094
「学び合う授業」は「学び合う教職員集団」から 098
職員室は教師のお悩み相談室 102
美土里小相談会 104
学び方を学び合う異学年交流 107

Action-04 学び合いが授業に与えるインパクト 111

小中9年間を通して育てたい資質・能力 112
資質・能力を育てる年間指導計画の策定 118
「学び合い」の授業をつくるための具体的な取組 119

Action-05 小中連携カリキュラム・マネジメント 143
美土里中カリキュラム・マネジメント 142
子供の学びを見取る 149
S教諭のパラダイム・シフト 152
Action-06 「学び」を志向するコンダクト—学校長の挑戦 157
〈小学校長の挑戦〉
学び合う学校文化の醸成がチーム力を向上させる 158
目標達成に向けての歩み 160
全員参加の授業づくり 166
〈中学校長の挑戦〉
小学校と中学校をつなぐ9年間の学びを考える 169
管理職である私自身から変わる 170
教職員を巻き込む 174
教職員の負担感を軽減する 178

教職員のやる気を引き出す働きかけ　179
やはり授業が勝負！　小中連携教育の深化　183
Action-07　「学び」の根を支える内外リソース――地域と共につくる授業　187
地域リソースの活用は何をもたらすか　188
三者両得　190
〈小学校の取組〉
ヤゴの実践を通じた地域協働　191
実験・観察を軸とした探究活動　196
児童の学ぶ姿が、地域の人たちを本気にさせた　198
年度を越えた継続性を保障する　202
〈中学校の取組〉
県内有数の「神楽」の里　206
「神楽」で結ばれた生徒と地域　207
地域リソースを活用できる教材化が課題　209

Action-08 学びに向かって突き進む環境づくり——市教委の戦略 211
研究を推進するうえでの環境整備 212
小学校の研究推進力を中学校にもち込む 215
教師らしい熱心さが、子供を授業の主役から降板させてしまう 217
小・中学校の垣根を越える同僚性 222
学校の主体性を生かすには 224

Epilogue 希望の教育 227
安芸高田市が抱える問題と安芸高田市の教育が目指す道 227
美土里発の学び 229
地域と共に学びを創る 安芸高田市の宝を生かす 233
共に学び続ける子供たちへ 237

Chapter 01

学び合える
チームが
最高の授業を
つくる！

美土里小・中学校の「学びの変革」の物語

美土里小学校と美土里中学校の改革の歩みにかかわるようになったきっかけは、一本のメールです。「広島県『学びの変革』アクション・プラン実践校のアドバイザーになってほしい」と率直に書かれたそのメールは、私を少し戸惑わせました。

継続的に一つの学校にかかわるには、さまざまな面で余力がなかったのも大きいのですが、「何か目新しい『手法』を教えてほしい」「これをすれば『学びの変革』になるという『答え』を教えてほしい」といった求めなのではないかと思われたからです。

京都まで運んでくださるということもあり、そのお言葉に甘えて、とにかくも一度お会いし、具体的なお話を聞いてみてから改めて考えようと思いました。

しかし、実際にお会いして話をうかがったことで、私の抱いた疑念は払拭《しょく》されます。美土里町の先生方は、県の求める「学びの変革」アクション・プランをどう遂行すればよいかといった対処療法を求めに来たわけではなかったのです。

「パイロット校としての研究を一つのきっかけにして、足元の実践の変革につなげていきたい」

「自分たちの実践づくり、学校づくりにつなげていきたい」

「そのために、『今求められる学力と学びとは―コンピテンシー・ベースのカリキュラムの光と影』（拙著、2015年1月、日本標準）に示されたヴィジョンや原理を軸にしたい」

美土里町の教育長をはじめとして、このように熱く語る先生方の志の高さと確かな見識や思いにふれた私は、「もしかすると、何か予期せぬ面白いことができるのではないか」という仄《ほの》かな期待感を抱きました。まして、ほかでもない私を必要とし、礼を尽くしてくださったからには、それに応えるのが道理だという思いもあり、お引き受けすることにしたのです。

広島県「学びの変革」アクション・プランについては、その構想段階で教育委員会の方々と意見交換する機会があり、プランニングに多少なりともかかわった経緯もありました。その骨太の構想そのものについては、新学習指導要領を先取りするパイロット的な位置づけとしても、大いに期待していたのですが、その一方で、「資質・能力」「汎用的スキル」「課題発見・解決学習」「学び合い」等の言葉が先行し、ややもすれば右へならえ的に、（「広島の先生方には、自分の頭で新しい学びのあり方を考え、授業改善に取り組んでほしい」という「学びの変革」の立案者〈事務局〉の思いとは裏腹に）トップダウンの改革に陥るのではないかと危惧していたのです。

しかし、美土里町の先生方とのディスカッションを通じて、私は次のような構想を抱くようになりました。

●改革の発信元（県教委）に近いところでかかわること以上に（リーダー層への全体研修での講演などの仕事をすること以上に）、改革の受け手である学校現場に近いところでかかわりたいし、そのほうが、改革に実質的に寄与し、多くを学ぶことができるのではないか。

●しかも、広島の市街地に位置する拠点校のような、いわば優遇された学校ではなく、どの片田舎にもあるような普通の学校を舞台として、改革がどう機能するかを見極めるほうが、全国どの学校にもヒントを与えうる汎用性の高い実践の姿（「学びの変革」のあるべき姿）を発信していけるのではないか。

●こうした試みが、広島県の改革のみならず、新学習指導要領下で起こるであろうさまざまな問題状況を予見し、それを是正することにもつながるのではないか。

そこで、美土里小・中学校に対しては、次の点を強調してきました。

●各学校で明確化することが求められている汎用的スキルを直接的に指導し評価することを自らに戒め、目指す子ども像を共有する。

●「学び合い」の特定の手法や型を求める傾向、（取組の成果として）実践してみてうまくいかなかった点を修正して整えられた実践プランの報告が求められる傾向に対しては、うまくいかなかったことも含めた実践事例を共有するとともに、手立てや学びの変革を通して目指したい子どもの具体的な姿を共有する。

本書の作成自体、広島県の「学びの変革」や新学習指導要領の根底にある改革のコンセプトが有する可能性を提起するものであり、教育実践の共有化に対する一つの問題提起でもあるのです。

しかし、そうはいっても、実際に参観した美土里小・中学校の授業が、最初から未来形の学びを感じさせるものであったわけではありません。

最初の訪問のとき（平成27年9月）、安芸高田へと向かう車中、先生方から語られた悩みは次のようなものでした。

「グループ学習を実施するのだけれど、子どもたちが活発に話し合わない」

この点については、研究授業に先立ち、学校全体を回りながら普段の授業の様子を見せていただいたことで、その原因はすぐにわかりました。子どもたちには多様な考え方を尊重し自由に話し合うよう促すものの、教師の側は「上手なグループ学習」（学び方のレベルでの正解）を暗に子どもたちに求めていたのです。

こうした教師の本音を子どもたちは見逃しません。教師が求めるグループ学習とはどのようなものか、どうであれば正解なのかと、他のグループの動きをチラ見しながら探ろうとしていました。それゆえに、いくら待てどもいっこうに話し合いがはじまらず、しびれを切らした教師がグループに介入してしまいます。そのために、よりいっそう話し合いが生まれないという悪循環です。

「形の上では子どもたちに委ねているように見えて、教師が手綱をしっかりと握っている」「子どもたちからしても、グループ学習の進め方という新しい学習事項が増え、型にはまったような堅苦しさがある」そうしたグループ学習になっていたわけです。

研究授業そのものは、授業者の教材研究の深さと技量の高さが感じられる、手堅い国語の授業でした。子どもたちに学びが委ねられ、子ども同士が話し合うというよりも、教師に導かれながらクラス全体で話し合っていくような展開です。

子どもたちも活発に意見を言うのですが、どこか堅苦しさがあり、「教師の想定する読みを子どもたちは主体的に探り、先生もそこに至らせようと必死になる」という感じでした。そうした授業での子どもたちの姿は、授業後の協議会での先生方の姿と見事に重なって見えたのです。

先生方はとても丁寧に子どもたちの学びを捉えていて、議論のクオリティも高い。しかし、何とかよい議論をしようと無理にがんばっている感じです。司会者もうまくまとめるので精一杯で、ひどく緊張する協議会。結果として、もっともらしい結論にまとまっていきます。

子どもたちも先生方も形が先行し、コミュニケーションや思考が不自由になってはいないか。もっとのびやかに、それぞれの持ち味や力を発揮できるはずなのに…。Chapter02で語られる「授業がかたい」という私の言葉の裏には、このような思いがありました。

半年後、再び美土里小学校に訪れます。すると、最初に私が提案したことを真摯に受け止め、新しい取組に挑戦しようとする姿が見られました。

- 「使える」レベルの学力を意識した末広がりの単元展開
- ホワイトボードなどを活用したグループ学習の工夫
- 拡大指導案に付箋紙を貼りながら意見をつないでいく事後の協議会　など

しかし、（意欲は伝わってくるのですが）形の上での変化にとどまっていて、底流にある文化の変革にはいたっていませんでした。

それが、さらに半年後に訪れると、子どもたちの、そして先生方の姿が大きく変わっていることに私は驚かされます。

子どもたちも先生方も自然体で、「子どもたちは自分たちで学び合い、思考を深めようとしている」「先生方は子どもとのやりとりや授業を楽しんでいる」そんな空気感があったのです。さらに、私の想定を超えるような取組や出来事さえ生まれていました。

〝この半年の間に、いったい何があったんだ〟と私は我が目を疑いました。

「学びの変革」という教師側のプロジェクトに対して、その担い手意識をもって参加しはじめる美土里小学校の子どもたち。さらに、授業改革の動きが鈍かった中学校においても、ある研究授業での教師の挑戦とそこで起こった学びの丁寧な読み解きをきっかけに変わりはじめ、授業における教師のしゃべりすぎも減り、授業研究に熱中する教師の姿が見られるようになっていたのです。

はたしてそこに何があったのか、何が彼らをそこまで変えたのか…詳しくはChapter02に譲りたいと思います。

ただ、3年というスパンで振り返ってみると、**しんどいながらも「学びの変革」という挑戦を楽しんでいる小学校の先生方の学びの姿が子どもたちに伝播し、ひいては中学校の先生方にも伝播していったのだろう**ということはいえると思います。

楽しくなければ続きませんし、新しい挑戦も生まれません。その一方で、「立ち戻るべき確かなヴィジョンや原理・原則があってこそ、崩していい部分と崩してはいけない部分が明確となり、大胆な挑戦や飛躍も可能になるのだ」ということを私は再認識しました。

そこで以下、研究者の立場から提供してきた、同校の改革の軸となる「羅針盤」、すなわち改革を通じて練り直されてきたヴィジョンと理論を紹介します。

資質・能力ベースとアクティブ・ラーニングが提起していること

近年、世界的に展開するコンピテンシー・ベースのカリキュラム改革を背景に、「資質・能力」の育成や「主体的・対話的で深い学び」としてのアクティブ・ラーニング（AL）が強調されています。

資質・能力ベースやALの強調については、教科内容の学び深めにつながらない、態度主義や活動主義に陥ることが危惧されます。資質・能力の重視は、汎用的スキルを直接的に指導し評価することと捉えられがちであり、また、ALについても、主体的・協働的であることのみを追求する傾向が見られます。

しかし、資質・能力重視の背景にある、「コンピテンシー」概念は、そもそも職業上の実力や人生における成功を予測する能力を明らかにするものです。

コンピテンシー・ベースのカリキュラムを目指すということは、社会が求める「実力」との関係で、学校で育てるべき「学力」の中身の問い直しを意味するのであって、汎用的スキルの指導と必ずしも同義ではありません。むしろ、目の前の子どもたちが学校外での生活や未来社会をよりよく生きていくこととつながっているのかという観点から、既存の各教科の内容や活動のあり方を見直していくことが大切なのです。

特に中学校や高校については、18歳選挙権が認められた今、市民としての自立につながるような各教科の教育になっているかどうか、教科外活動も含めて「一人前」(責任を引き受けて自分の頭で考える)を育てる教育になっているかどうかを問うていくことが重要です。

また、ALのような学習者主体の授業の重視も、伝達されるべき絶対的真理としての知識ではなく、主体間の対話を通して構成・共有されるものとしての知識という「知識観」「学習観」の転換が背景にあるのであって、対象世界との認知的学びと無関係な主体的・協働的な学びを強調するものではそもそもありません。

何より、グループで頭を突き合わせて対話しているような、真に主体的・協働的な学びが成立しているとき、子どもたちの視線の先にあるのは、教師でもほかのクラスメートでもなく、学ぶ対象である教材ではないでしょうか。

ALをめぐっては、学習者中心か教師中心か、教師が教えるか教えることを控えて学習者に任せるかといった二項対立図式で議論されがちです。しかし、**授業という営みは、教師と子ども、子どもと子どもとの一般的なコミュニケーションではなく、教材を介した教師と子どもと子どもとのコミュニケーションである**点に特徴があります。

この授業におけるコミュニケーションの本質をふまえるなら、子どもたちがまなざしを共有しつつ、教材と深く対話し、教科の世界に没入していく学び（その瞬間、自ずと教師は、子どもたちの視野や意識から消えたような状況になっている）が実現できているかを第一に吟味すべきでしょう。

日本の教師たちが追究してきた創造的な一斉授業の発展的継承

授業の形式化を回避し、現場の自律的で地に足のついた授業改善につなげていくうえで、日本の教師たちが追究してきた創造的な一斉授業の蓄積に目を向ける必要があります。すなわち、「練り上げ型授業」（クラス全体での意見交流にとどまらず、教師の発問によって触発されたりゆさぶられたりしながら、子どもたちが互いの考えをつなぎ、一人では到達しえない高みへと思考を深めていく）を通じて、主体的・協働的かつ豊かに内容を学び深め、「わかる」ことを保障し、それにより「生きて働く学力」を育てるというわけです。

そして、資質・能力やＡＬの根底にある「子どもたちがよりよく生きていくことにつながる学びになっているか」「子どもたちが教材と深く対話する学びになっているか」といった授業づくりの不易にふれる問いかけは、そうした日本の理想の授業像を批判的・発展的に継承していくうえでの問題提起や、一種の「ゆさぶり」と受け止めること

資料1　日本の伝統的な授業像の発展的継承

日本の伝統的な「教科内容を豊かに学ぶ」授業像	「教科する」授業の提起する授業像
教師に導かれた創造的な一斉授業（練り上げ型授業）による知識発見学習	子ども同士の創発的コミュニケーションによる知識構築学習
導入が豊かすぎる、「わたり」があって「もどり」のない、「尻すぼみ」の単元展開（科学的概念としての知識）	出口が豊かで「もどり」（生活への埋め戻し）がある、「末広がり」の単元展開（現実世界を読み解く眼鏡〈見方・考え方〉としての知識）
名人芸的な教師のアートと強い学級集団に依拠する授業	学びの場づくり（課題、学習形態、教具・メディア、時間や空間のアレンジ）とゆるやかなコミュニティで、学びを触発する授業
教科書で教える授業、1時間の終わりにすっきりわかる授業（内容の本質性）	（複数教科の）教科書を資料にして学ぶ授業、もやもやするけど楽しい授業（プロセスの本質性）
つまずきを教師が生かす授業	つまずきを子ども自身が生かす授業
「強いつながり（コミュニティ感覚）」と硬くて重いコミュニケーション・大文字の自己、長いスパン、大きな物語で人生の意味を捉える心性、垂直的に体系化された共通の客観的真理という基盤	「弱いつながり」とコミュニケーション・アイデンティティ・知のソフト化・多元化、いまここの生を楽しむ心性と思考や集中力のスパンの短さ、水平的にネットワーク化され、局所的に当事者によってつくられるものとしての知識、子どもたちの生活感覚や学び感覚の変化（居酒屋談義からカフェ的な語らいの形へ）

（出典：石井英真編『小学校発　アクティブ・ラーニングを超える授業―質の高い学びのヴィジョン「教科する」授業』日本標準、2017年。）

ができます（資料1）。

「わかる」授業の問い直しと学力の三層構造の意識化

教科の学力の質的レベルは、資料2の三層で捉えられます。

個別の知識・技能の習得状況を問う「知っている・できる」レベルの課題（例：穴埋め問題で「母集団」「標本平均」等の用語を答える）が解けるからといって、概念の意味理解を問う「わかる」レベルの課題（例：「ある食品会社で製造したお菓子の品質」等の調査場面が示され、全数調査と標本調査のどちらが適当かを判断しその理由を答える）が解けるとは限りません。

さらに、「わかる」レベルの課題が解け

資料２　教科の学力・学習の三層構造と資質・能力の要素

		資質・能力の要素（目標の柱）			
学力・学習活動の階層レベル（カリキュラムの構造）		知識	スキル		情意（関心・意欲・態度・人格特性）
			認知的スキル	社会的スキル	
教科の枠づけの中での学習	知識の獲得と定着（知っている・できる）	事実的知識、技能（個別的スキル）	記憶と再生、機械的実行と自動化	学び合い、知識の共同構築	達成による自己効力感
	知識の意味理解と洗練（わかる）	概念的知識、方略（複合的プロセス）	解釈、関連付け、構造化、比較・分類、帰納的・演繹的推論		内容の価値に即した内発的動機、教科への関心・意欲
	知識の有意味な使用と創造（使える）	見方・考え方（原理、方法論）を軸とした領域固有の知識の複合体	知的問題解決、意思決定、仮説的推論を含む証明・実験・調査、知やモノの創発、美的表現（批判的思考や創造的思考が関わる）	プロジェクトベースの対話（コミュニケーション）と協働	活動の社会的レリバンスに即した内発的動機、教科観・教科学習観（知的性向・態度・思考の習慣）

（出典：石井英真『今求められる学力と学びとは』日本標準、2015年から一部抜粋）

るからといって、実生活・実社会の文脈での知識・技能の総合的な活用力を問う「使える」レベルの課題（例：広島市の軽自動車台数を推定する調査計画を立てる）が解けるとは限りません。

そして、社会の変化のなかで学校教育に求められるようになってきているのは、**「使える」レベルの学力の育成と「真正の学習（authentic learning）」（学校外や将来の生活で遭遇する本物の、あるいは本物のエッセンスを保持した活動）の保障なのです。**

従来の日本の教科学習において、考える力の育成という場合、基本的な概念を発見的で豊かに学ばせ、そのプロセスを通じて、知識の意味理解を促す「わかる」レベルの思考（解釈、関連づけなど）も育てるというものでした（問題解決型授業）。

ここで、ブルーム（B. S. Bloom）の目標分類学において、問題解決という場合に、「適用（application）」（特定の解法を適用すればうまく解決できる課題）と「総合（synthesis）」（論文を書いたり、企画書をまとめたりと、これを使えばうまくいくという明確な解法のない課題に対して、手持ちの知識・技能を総動員して取り組まねばならない課題）の二つのレベルが分けられていることが示唆的です。

「わかる」授業を大切にする従来の日本において、応用問題という場合は「適用」問題が主流だったといえます。しかし、よりよく生きることにつながる「使える」レベルの学力を育てるには、折に触れて、「総合」問題に取り組ませることが必要です。

多くの場合、単元や授業の導入部分で生活場面が用いられても、そこからひとたび科学的概念への抽象化（「わたり」）がなされたら、あとは抽象的な教科の世界のなかだけで学習が進みがちで、もとの生活場面に「もどる」ことはまれです。

さらに、単元や授業の終末部分では、問題演習など機械的で無味乾燥な学習が展開されがちです（「尻すぼみの構造」）。すると、単元の導入で豊かな学びが展開されても、「結局は問題が機械的に解けることが大事なのだ」と学習者は思い込むようになります。

これに対し、よりリアルで複合的な生活に概念を埋め戻す「総合」問題を単元に盛り込むことは、「末広がりの構造」へと単元構成を組み替えることを意味します。

●学習の集大成として単元末や学期の節目に「使える」レベルの課題を設定する。
●学習者が「使える」レベルの課題に独力でうまく取り組めるようにするために、何を学習しなければならないかを、教師も子どもも意識しながら、日々の授業では、むしろシンプルな課題を豊かに深く追求する「わかる」授業を組織する。

こうした「もどり」の機会があることで、子どもたちの生活は知的で豊かになり、**概念として学ばれた科学的知識は、現実を読み解く眼鏡（ものの見方・考え方）として学び直される**のです。

たとえば国語科であれば、ＰＩＳＡが提起したように、「テキストを目的として読む」のみならず、「テキストを手段として考える」活動（例：複数の意見文を読み比べてそれに対する自分の主張をまとめる）を保障することで、学校外や未来の言語活動・言語生活を豊かにする学びとなっていくのです。

一方で、社会と結びつけることを実用主義とイコールに捉えてしまうと、よいプレゼンの仕方について議論するといった職業準備的な国語教育に陥りかねません。**四技能を総合するような活動（「使える」レベル）は、それに取り組むことでテキストのより深い読み（「わかる」レベル）が促されるような、ことばにかかわる文化的な活動である**ことを忘れてはなりません。

「使える」レベルの学力を目指すということは、それのみを重視するということではありません。「わかる」までの二層にこれまで視野が限定されがちであった教科の学力観を、三層で考えられるように拡張すること、そして「使える」レベルの思考の機会を盛り込むことで、わかり直しや読み深めが生じるような、さらに豊かな「わかる」授業が展開されることが重要なのです。

練り上げ型授業の問い直しと知識構築学習

「子どもたちが教材と深く対話する学びになっているか」という点について、練り上げ型の創造的な一斉授業は課題を抱えています。

もともと学級全体での練り上げ型授業は、一部の子どもたちの意見で進む授業となりがちです。かつては「教師のアート」（卓越した指導技術）と「強いつながり」のある学級集団により、クラス全体で考えているという意識をもって、発言のない子どもたちであっても少なからず議論に関与し、内面においては思考が成立していました。しかし、近年、練り上げ型授業を支えてきた土台が崩れてきています。**教員の世代交代が進むなか、背中から学び技を盗む文化は衰退し、知や技の伝承がむずかしくなっているのです。**

また、価値観やライフスタイルの多様化、ＳＮＳをはじめ、メディア革命に伴うコミユニケーション環境の変化によって、子どもたちの思考や集中のスパンは短くなっているし、コミュニケーションやつながりも局所化・ソフト化・流動化してきており、強いつながりで結ばれた学級集団を創るのが困難になってきています。

クラス全体の凝集性を求める「強い集団」よりも、気の合う者同士の小さいグループのほうが居場所感覚をもてるし、強いつながりのなかで堅い議論をするのではなく、「ゆるい関係性で行われるカフェ的な対話のほうが、納得や学んだ手応えを得られる」、そうした「弱いつながり」をベースにしたコミュニティ感覚を子どもたちはもっており、学習者主体の授業が強調される本質的背景はここにあります。

「教師のアート（直接的な指導性）から、学習のシステムやしかけのデザイン（間接的な指導性）へ」、そして「学級全体での練り上げから、グループ単位でなされる創発的なコミュニケーションへ」と、授業づくりの力点を相対的にシフトしていく必要性が高まっているのです。

こうして学習者主体の創発的コミュニケーションを重視していくことは、日々の授業での学びを知識発見学習から知識構築学習へと転換していくことにつながります。

これまでの練り上げ型授業は、教師に導かれながら正解に収束していく知識発見学習になりがちでした。しかし、現代社会においては、「正解のない問題」に対して最適解を創る力を育てることが課題となっており、そうした力は実際にそれを他者と創る経験

資料３　学習者、教材、教師の関係構造

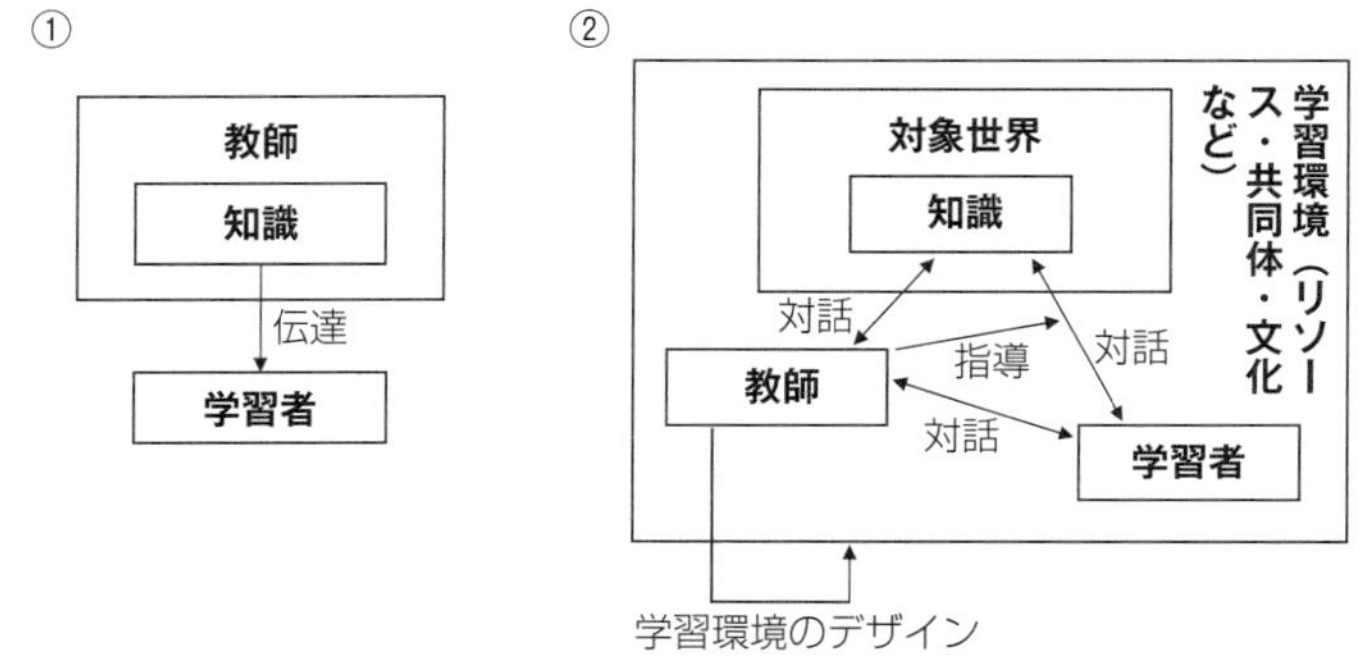

※②において、教師と学習者は、同じ対象を共有し、協同して活動している点で対等な関係にある。一方で、図の位置関係が示すように、教師は、いわば先行研究者として、学習者の学習活動を見通し導きうる位置にある。ゆえに教師は、学習者の対象世界との対話を深めるべく直接的な指導を行ったり、時には、教師自身も埋め込まれている学習環境をデザインする間接的な指導性を発揮したりするのである。

（出典：石井英真『現代アメリカにおける学力形成論の展開―スタンダードに基づくカリキュラムの設計』東信堂、2011年、183頁）

（知識構築学習）なしには育ちません。

ゆえに、知識構築学習を目指すうえでは、知識や最適解を自分たちで構築するプロセスとしての議論、実験や調査を学習者自身が遂行していく力を育成する視点や、そのプロセス自体の質や本質性を問う視点が重要となります。

多くの授業において「発見」は、教師が教材研究で解釈した結果（教師の想定する考えや正解）を子どもに探らせるということになりがちでした（資料３—①）。しかし、**「深い学び」が成立するとき、子どもたちは教師ではなく、対象世界のほうを向いて対話している**はずです（資料３—②）。

国語の読解で言えば、次のような個の学びと他者との学びの往還を繰り返すなかで、最初に読んだときとは見え方が変わるでしょう。

①子どもがまず自分でテキストを読み、ある解釈をもつ。
②グループ学習や集団での練り上げで、他者の解釈を聞く。
③そうして学んだ解釈をふまえて、もう一度テキストに戻って読み直してみる。

しかも、**テキストにたえず立ち戻り、それと直に対話すること**で、ただ他者から学んだ見方をなぞるだけでなく、多かれ少なかれ、その子なりの新しい発見や解釈が生まれ得るのです。これが、子どもと対象世界が対話するということであり、学びが深まる（わかったつもりでいた物事が違って見えてくる）ということなのです。

知識発見学習では、授業内で一定の結論に至らせることにこだわり一般化を急ぐあまり、書いてきっちりまとめたものを発表し合って、それを教師がまとめる展開になりがちでした。これに対して、知識構築学習では、グループでの子ども同士のコミュニケーションをより大切にしつつ、そこで何か一つの結論を出すことを急がず、インフォーマルな雰囲気のもとでの対話とアイデアの創発を促すことが重要となります。

たとえば、考えること、書くこと、話すことの三つを分断せず、各自考えながら話し合い、そこで出た意見や思いついたことを、そのままメモ的にワークシートやホワイトボードやタブレットに書き込んでいく、そして、書いて可視化することでさらに触発されて話し言葉の対話や個々の思考が促進される、といった具合です。

それは、話し合い活動も書き言葉的な「発表」をメインに遂行されてきた、書き言葉優勢の教室のコミュニケーションに対し、即興性や相互に触発し合う偶発性を特徴とする話し言葉の意味を復権すること（ことばの革命）を意味します。

「教科する」授業というヴィジョン

末広がりの単元構造や知識構築学習を目指すことは、子どもたちに委ねる学習活動の問いと答えの間を長くしていくことを志向していると同時に、教科の本質的かつ一番おいしい部分を子どもたちに保障していくことを目指した、教科学習本来の魅力や可能性、特にこれまでの教科学習であまり光の当てられてこなかった教科内容の眼鏡としての意味、教科の本質的なプロセスの面白さの追求でもあります。

教科学習の本来的意味は、それを学ぶことで身の回りの世界の見え方や世界とのかかわり方が変わることにあるのです。

「もどり」を意識することは、教科内容の眼鏡としての意味を顕在化することを意味します。また、教科の魅力は内容だけではなく、むしろそれ以上にプロセスにもあります。たとえば、歴史科の教師のほとんどは、子どもたちが、一つ一つの歴史的な出来事よりも、それらの関係や歴史の流れを理解することが大事だと考えているでしょう。

しかし、多くの授業において、子どもたちは、板書されたキーワードをノートに写しても、教師が重要かつ面白いと思って説明しているキーワード間のつながりに注意を向けているとは限りません。まして、自分たちで出来事と出来事の間のつながりやストーリーを仮説的に考えたり検証したり、自分たちなりの歴史認識を構築したりしていくような「歴史する（do history）」機会は保障されることがありません。

学ぶ意義を感じられず、教科の本質的な楽しさにも触れられないまま、多くの子どもたちが、教科やその背後にある世界や文化への興味を失い、学習に背を向けるようになってはいないでしょうか。

社会科嫌いが社会嫌いを生み、国語嫌いがことば嫌い、本嫌いを生み出しているように感じます。だからこそ、目の前の子どもたちの有意義な学びへの要求に応えられる、子どもだましではない「ほんもの」と出会わせる「真正の学習」の追求が求められるのです。

このとき留意すべきは、**有意義な学びの重視は、教科における実用や応用の重視とイコールではない**ということです。教科の知識・技能が日常生活で役立っていることを実感するだけでなく、知的な発見や創造の面白さにふれることも学びの意義の回復につながります。

よって、教科における「真正の学習」の追求は、**「教科の内容を学ぶ（learn about a subject)」授業と対比されるところの、「教科する (do a subject)」授業**（知識・技能が実生活で生かされている場面や、その領域の専門家が知を探究する過程を追体験し、「教科の本質」をともに「深め合う」授業）**を創造すること**と理解すべきです。

「多くの授業で教師が奪ってしまっている各教科の一番本質的かつ魅力的なプロセスを、子どもたちに委ねていく」「ここ一番のタイミングでポイントを絞ってグループ学習などを導入していく」ことで、ALは、ただアクティブであることを超えて「教科する」授業となっていくのです。

学びの深さと思考の密度

深めるに値する内容について、その教科として本質的な頭の使い方をする学びの機会を保障したうえで、その経験の質や密度を高めるべく、新たな着想を得ることで視野が開けたり、異なる意見を統合して思考や活動がせりあがったりしていくための指導の手立て（枠組みの再構成やゆさぶり）を考える必要があります。

学びが深まる経験は、グループを単位とした創発的なコミュニケーションのなかで、さまざまな意見が縦横につながり、小さな発見や視点転換が多く生まれることでもたらされる場合もあります。また、クラス全体でもう一段深めていくような対話を組織することを通じて、「なぜなのか」「本当にそれでいいのだろうか」と、理由を問うたり前提を問い直したりして、一つの物事を掘り下げることでもたらされる場合もあります。

この点にかかわって、伝統的な練り上げ型授業のエッセンス、特に、子どもたちの問い心に火をつける発問やゆさぶりの技（「わかっていたつもりのことが、わからなくなる」ことによる認知的葛藤の組織化）に注目すべきです。

さらに、**思考の密度（中身の詰まり具合）については、子どもたちが、ただ想像し推理するのではなく、十分な質と量の知識を伴って、すなわち、確かな思考の材料と根拠をもって推論することを保障する**ことが重要です。

まずは、まとまった単位の思考や活動（「教科する」プロセス）が子どもたちに委ねられ、自分たちで学びの責任を引き受けて自分たちの頭で思考している状態を保障する。そして、まさに教師が研究授業という形で、まず自分で試行錯誤しながら実践をやり遂げ、事後の協議会で新たな着想を得たり、考えがゆさぶられたりしたうえで、再度実践することで、実践の質が高まっていくような、いわば活動とリフレクションを繰り返すことによる、せり上がりの構造を意識することが重要でしょう。

さらに、教科書でわかりやすく教える授業を超えて、教科書をも資料の一つとしながら学ぶ構造を構築し、そのうえで教師が資料（集）の質と量を吟味することが求められます。その際、思考の材料を子ども自身が資料やネットなどから引き出していくこと（知識の吸い上げ）を促すことで、学習者主体で学びの質を追求しつつ、知識の量や広がりも担保できるでしょう。

カリキュラム・マネジメントの先に何を目指すのか

現場ではＡＬへの注目度は高いといえるでしょう。しかし、何のためのＡＬなのかを問うことなく、「どうやったらＡＬを実践したことになるのか」と、特定の型を求める技術主義に陥ってはいないでしょうか。また、教師個人レベルでの授業改善にとどまっていないでしょうか。

こうした傾向を是正するうえで、カリキュラム・マネジメントを意識することが有効です。中教審答申では、カリキュラム・マネジメントの三つの側面として、次を挙げています。

①各教科等の教育内容を相互の関係で捉え、学校教育目標を踏まえた教科等横断的な視点で、

その目標の達成に必要な教育の内容を組織的に配列していくこと。
②教育内容の質の向上に向けて、子供たちの姿や地域の現状等に関する調査や各種データ等に基づき、教育課程を編成し、実施し、評価して改善を図る一連のＰＤＣＡサイクルを確立すること。
③教育内容と、教育活動に必要な人的・物的資源等を、地域等の外部の資源も含めて活用しながら効果的に組み合わせること。

このように、**カリキュラム・マネジメントは、まさに目標・指導・評価の一貫性を問い、目標実現に向けて、学校や教師集団がチームとして、教科の枠も超えて、協働的・組織的な実践とその改善に取り組むことの重要性を提起するもの**といえます。

新学習指導要領では、ＡＬとカリキュラム・マネジメントが両輪とされていますが、そのことの意味は、このような文脈で捉えられる必要があります。

教師個人レベルの授業改善が進むことが必ずしも、学校改善や子どもの学びの充実につながるとは限りません。教師が誰かによって子供たちが態度を変えるような状況は、学校として崩れにくい安定した状況とは言えません。

「この先生の授業（だけ）は信頼できる」ではなく、「この学校の先生の授業は信頼できる」という、その学校の授業に対する面の信頼を構築していくことが肝要です。

授業のクオリティは、教師同士が学び合い、共に挑戦し続けられるような「同僚性」と「組織文化」があるかに大きく規定されるのです。

「すぐれた教師がたくさんいる学校」が、よい学校なのでは必ずしもありません。**「その学校にいると、普通の先生が生き生きとしてすぐれた教師に見えてくるような学校」がよい学校**なのです。このように学校のさまざまな次元における社会関係資本（つながりの力）や組織力を土台として、子どもたちの学力や学びの質は高まっていきます。

一過性の改革ではなく、持続的な授業改善・学校改善につなげていくためには、教師たちが目の前のすべての子供たちの学びにチームとして責任を引き受け、協働で授業改善に取り組むシステムと文化の構築が重要です。

特に、今回の改革の本丸である高校教育改革においては、教師個々人が個人技を競うこと以上に、こうしたチームで授業改善に取り組むシステムと文化を確立していくことが追求されるべきでしょう。

そうして、教師の間に協働的な組織文化を構築するとともに、資質・能力を実質的に育んでいくうえで、教室からのカリキュラム開発の主体として、教師たちが、授業、単元、教科、学年といった枠を越えて、教科横断的かつ長期的に学びをイメージし、つないでいく鳥瞰的視野（カリキュラム構想力）をもつことが、今まで以上に大事になってきます。「マネジメント」一般ではなく、「カリキュラム・マネジメント」がキーワードとなっている理由がここにあります。

カリキュラム・マネジメントというと、多くの教師には他人ごとで、管理職がやる管理的なペーパーワークのように捉えられてはいないでしょうか。これに対し、カリキュラム・マネジメントの側面①に関して、カリキュラムづくりを、表づくりではなく、具体的な子どもをイメージした学びの地図づくりとして、側面②に関して、目標・評価のサイクルを、機械的な作業（ノルマの達成）としてではなく、創造的な実践（飽くなき価値追求）として捉えていくことが重要です。

そして、側面③に関しては、行政による条件整備や必要なサポートの不十分さを現場の自助努力で補わさせることで、結果として現場からカリキュラムづくりの力を奪うことにならないよう、カリキュラムづくりの主体として現場を尊重し権限を委ね、エンパワメントしていくことが求められるでしょう。

子どもたちの具体的な学びの姿を通して ヴィジョンを対話的に共有する

本業である授業を通して学び合う組織を創っていくためには、子どもたちの学びの具体的な姿に常に立ち戻りながら、ヴィジョンの対話的共有と教師たちが協働する場づくりの両者を関連づけつつ、追求していくことが求められます。

コンピテンシー・ベース、資質・能力ベースのカリキュラム改革は、教育政策の立案にかかわる者のみならず、それぞれの学校や現場の教師たちが、理念や目的にかかわる議論に正面から向き合うこと、すなわち、目の前の子どもたちに何が必要なのか、どのような社会、どのような学校教育を目指すべきなのかといった、学校教育目標やヴィジョン（目指す学校像や子ども像）を自分たちの頭で考えることを求めています。

各学校で学校教育目標を語り合う機会をもつことは、ＡＬなどの新しい手法の導入が、上からの手法の押しつけや形式主義につながるとの危惧に対して、現場の自律性を担保し、実質的な創意工夫を促し得ます。

教師たちが協働で、子どもや学校の実態や課題について話し合い、そこから目指す子ども像や実践上の合い言葉や、学校全体で取り組む手立てを共有していきます。いわば、学校評価を目的・目標づくりと教師集団づくりにつなげていくのです。

たとえば、ＡＬを導入するにしても、その学校の課題やヴィジョンに即して必要性を明確にし、その学校なりの定義を創出・共有していきます。そうした学校の診断的な自己評価に裏づけられたボトムアップの対話的・協働的な目標づくりによって、実践の基本的な方向性や目標を共有する一方で、それぞれの教師の実践哲学や授業スタイルを生かした創意工夫を尊重し、新たな実践の提案を期待するわけです。

コンピテンシー・ベースのカリキュラムが志向されるなか、各学校の課題に即して汎用的スキルを明確化し、それぞれの単元や授業のレベルでそれを目標として意識し、さらには評価の対象にもしていく動きがあります。

認知的な側面に限らず、全人教育の観点から目の前の子どもたちの課題を把握し、それを汎用的スキルの形で明確化して、教科学習も含めカリキュラム全体で意識していくこと自体は、一定の有効性はあるでしょう。

ただその場合、汎用的スキルを直接的に指導する手立てを講じ、教科をクロスするものとして位置づけることは、教科指導において、トリプル・スタンダード（教科の知識・技能、教科固有の思考力・判断力・表現力、汎用的スキル）を追求することになり、授業の煩雑化や形式化をもたらしかねません。

汎用的スキルを明確化する場合、教科をクロスするものというよりも、カリキュラム全体を覆うアンブレラ（傘）として、先述した学校教育目標のレベルで位置づけることが有効でしょう。

たとえば、論理的に考えたり話したりすることに課題がある子どもの実態から「論理的思考」を汎用的スキルとして育てたいという場合、各教科の単元や授業における何らかの手立てによって指導するという以前に、日々の学校生活での子ども同士、教師と子どもとのやりとりが論理的になっているかが、第一義的に問われねばなりません。

資料4　教育目標のレベル分け

<table>
<tr><td></td><td colspan="4">「目標（objectives）」</td><td>「ゴール（goals）」</td></tr>
<tr><td>目標のレベル</td><td colspan="2">授業・単元目標</td><td colspan="2">教科・年間目標</td><td>学校教育目標</td></tr>
<tr><td>目標内容</td><td>知識・技能の習得</td><td colspan="2">概念の意味理解</td><td>認知的・社会的スキルの育成</td><td>価値観・信念の形成
態度・精神の習慣の形成</td></tr>
<tr><td>育成方法</td><td colspan="2">各教科の本質的な内容に関する、子どもの素朴概念を把握し、その科学的概念への組み換えを目指して、教材や学習活動を工夫する。</td><td colspan="2">思考する必然性のある課題に取り組ませ、内容や論点に対する認識を深めさせるとともに、その過程で課題を超えて繰り返す学習・探究の様式（学び方）を、中・長期的に指導する。</td><td>子ども、教師などが、目指すべき価値や行動様式を共有し、日常的にそれを追求することにより、学校文化として浸透させる。</td></tr>
<tr><td>育ち具合の確かめ方</td><td colspan="2">単元末に、ペーパーテストやノートの論述などをもとに、個々の子どもについて、教科内容の理解の深さと習得の有無を評価する。</td><td colspan="2">単元や領域を超えて、類似のパフォーマンス課題を実施し、認知的・社会的スキルの洗練度を継続的に評価し、学期末や学年末といった区切りで評価する。</td><td>インフォーマルな評価と日々の自己調整。あるいは、1年か数年ごとのカリキュラム評価・学校評価の一環として、子どもや教師へのアンケートなどをもとに学校全体の傾向を把握する。</td></tr>
</table>

（出典：石井英真「学校文化をどう創るか」田中耕治編『カリキュラムをつくる教師の力量形成』教育開発研究所、2006年の表を加筆修正）

しかも、論理的であるかが問われるのは、子どもではなく、むしろ教師のほうかもしれません。学校教育目標として、目指す学びの姿（ヴィジョン）の一部として汎用的スキルを明確化するとともに、そうしたヴィジョンを、学校に集う子どもたち、さらには教師たちもが追求することで、学校の日常に浸透し、学校文化のレベルで具体化されていくのです**（資料4）**。

仮に、それぞれの単元や授業、教科に即した目標に加えて、指導案等で汎用的スキルを明示するにしても、方向目標や授業づくりの視点として、その育成に向けた手立てと想定される子どもの姿を明確にする程度にとどめ、形成的評価や授業評価の視点（目指す方向で授業が展開でき、学級全体としてもその方向で育っているかを確かめる）にはしても、学力評価や評定の対象（すべての子どもたちが確実に一定水準以上になることを目指して、子どもたち一人一人について到達状況を確かめる）にはしない形が妥当でしょう。

子どもと授業の事実を軸に 教師たちが対話し協働する場の組織化

協働する場づくりという点について、特に小学校において展開してきた、「授業研究」（授業公開とその事前・事後の検討会を通して教師同士が学び合う校内研修の方法）の文化は、教師個々人の力を伸ばすという視点だけでなく、学校の組織力を高めるという視点から、学習する組織の中心（教師たちが力量を高め合い、知を共有・蓄積し、連帯を生み出す場）として、その有効性が確認されています。

目指す子ども像をただ掲げるだけでなく、その実現を目指して実践を積み重ね、具体的な子どもの姿を、また、それを生み出す手立てや方法論等を教師集団で確認・共有していきます。

「主体的・協働的に学ぶ子どもたちの具体的な姿とはどのようなものか」

「子どもたちに委ねるとはどういうことなのか」

これらの問いについて、実践を通して教師同士が共に学び合っていくことが重要なのです。**新しい取組のよさを頭で理解するだけでなく、それに向けて実践し、実際に子ど**

もたちの姿が変わってはじめて、教師たちは取組の意味を実感し、その結果として授業は変わっていくのです。

たとえば、美土里小・中学校では、思い切って子供たちに思考を委ね、その試行錯誤を見守り、教師が前に出ることを待ったところ、一見、授業は冗長に見えたものの、事後の検討会で「子どもたちが確かに学んでいた事実」が観察者から語られました。これをきっかけに、授業者は「子どもたちに委ねて大丈夫なんだ」という安心感や見通しを得ることができ、授業が変わりはじめたといいます。

研究授業の機会などを生かし、少し背伸びして挑戦するとともに、そこでの学びの事実を丁寧に読み解き、挑戦したからこそ生まれる、あるいは子どもたちの普段とは違う学びの可能性に気づくといった具合に、その授業の子どもの学習の評価や次の授業での改善の手立てに関する議論（問題解決：シングル・ループの省察）にとどまることなく、そもそもの目標設定や目指す授業像の妥当性自体も検討対象とし、子どもの学びのプロセスや授業という営みの本質に関する理解をも研究的に深め、子どもや授業や教材等に関する「観」や「見方」を豊かにしたり組み替えたりする議論（知識創造：ダブル・ループの省察）を志向することが重要なのです**（資料5）**。

授業改革を志向するなら、目指す学びのプロセス（協働することや思考が深まること）のイメージを、教師たち自身が自らの学びにおいて追求し、自分の身体をくぐらせて理解

資料5　省察のシングル・ループとダブル・ループ

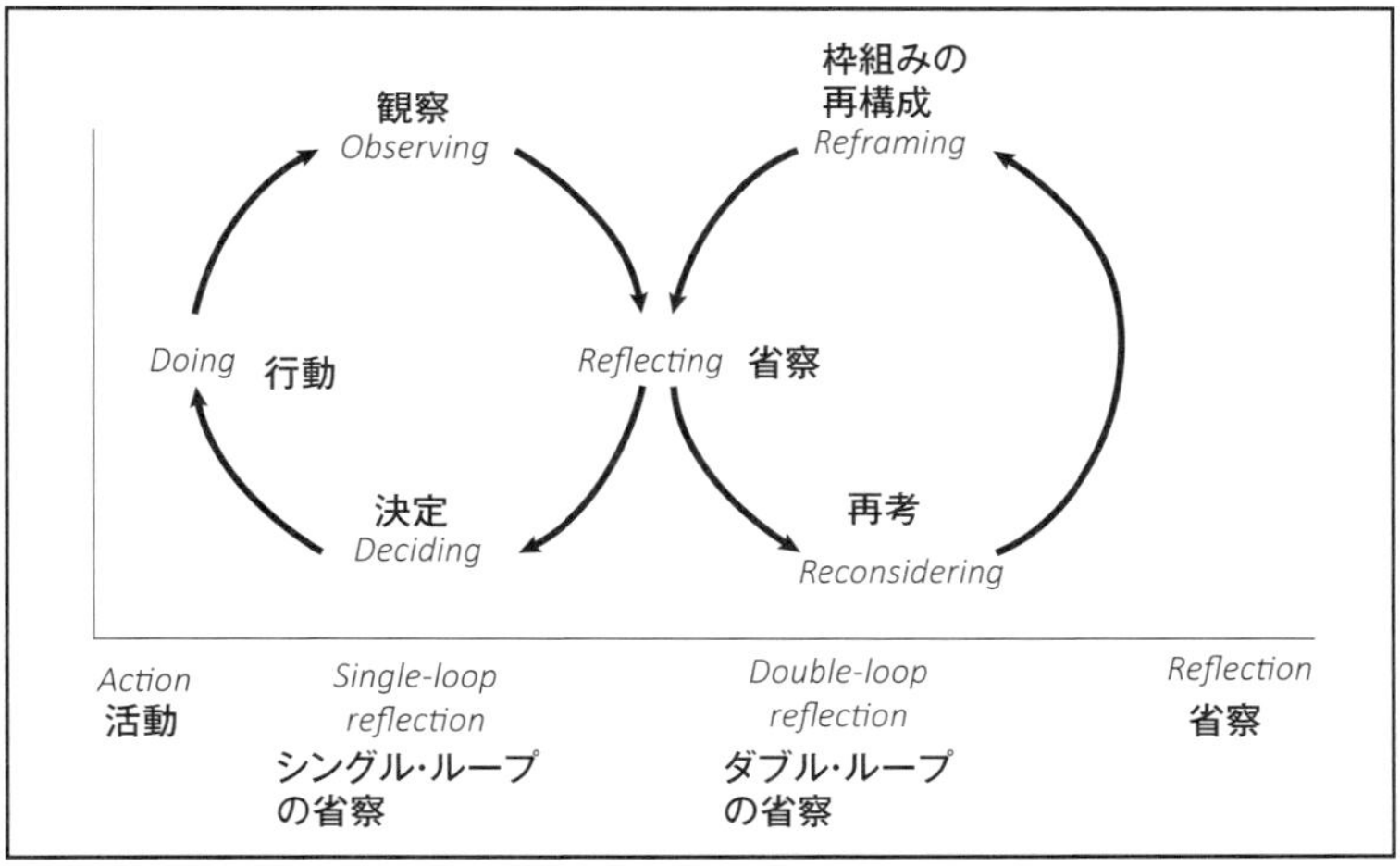

（出典：P. Senge et al., *Schools that Learn: A Fifth Discipline Fieldbook for Educators, Parents, and Everyone Who Care About Education (Updated & Revised)*, Crown Business, 2012, p.153.）

しておくことが肝要です。

●主体的・協働的な学びを目指しながら、教員研修でペアやグループで話し合う機会があっても活発な議論にならない。

●正解のない問題に対応する力を育てたいといいながら、「新学習指導要領の弱点や課題は何か」という点を考えたこともない。

こうした状況はないでしょうか。

子どもの学びと教師の学びは相似形であって、学びの変革に取り組むとともに、自分たちが子どもたちの学びの良質のモデルとなっているかを問い、子どもたちに経験させたい学びを教師たち自身が経験するような、教師の学びの変革も同時に追求される必要があるのです。

教師同士が学び合う校内研修をデザインする視点

職業人や専門家の学びに関する研究において、経験から効果的に学び、実践のなかに埋め込まれた知恵（言語化できない暗黙知の部分も大きい）を豊かにすることの意味が明らかにされてきました。いわば経験を無駄にせず経験から学びつくすこと（経験から学び上手であること）の大切さが確認されてきたわけです。

教師が行う校内研修でも、授業研究をはじめとする事例研究の重要性、特に事前準備以上に事後の検討会から学ぶことの重要性が主張されてきました。

先述のように、事後検討会においては、知識創造につながるような省察が目指されねばなりませんが、授業者の「授業観」「学習観」「子ども観」の再構成にも至る、いわば、いい、ひと皮むける経験としてのダブル・ループの省察は、簡単には生じません。

そういう省察が起こる可能性を高めるうえでは、事例研究の日常化が重要です。そしてそのためには、事前準備に力を入れすぎず、子どもの学びや教室での出来事の解釈を目的とした、リラックスした雰囲気での対話の機会を積み重ねていくことが有効です。

一方で、研究授業や教育委員会主催の研修のように、よりフォーマルな事例研究の場においては、詳細な授業記録などをもとに、自らが授業観察で何に注目しているかを可視化し、自らの授業の見方について自覚化や気づきを促す特別な機会をもつことも有効でしょう。

また、教科内容への理解を深めたり、指導技術を高めたりするためには、ストップモーション方式（授業のビデオ記録を一時停止して個々の場面について、「なぜ、あの場面でこういう行動を取ったのか？」「あのとき、子どもたちの学びについて何を見ていたのか？」といった点を問うことで、行動の背景にある授業者の意図や判断過程を検討する）なども活用しつつ、事前準備にも力を入れ、教材研究や子どもへの介入の妥当性を緻密に検討する事例研究が有効です。

特に、経験の浅い教師には、授業の組み立て方や子どもの見方を学び、自分なりの授業スタイルを確立していくために、緻密な教材研究や授業の過程を丁寧に振り返る機会を経験することが必要でしょう。

では、ダブル・ループの省察の起こる確率を高めるべく、日常的になされる事後検討会を充実させるうえで、一般的にどのような点がポイントとなるのでしょうか。

日常的な事後検討会においては、授業を見られる立場の弱さを自覚しつつも、授業者が「公開してためになった」と思える検討会にしていくことが重要です。そして、参加者が対等な立場で対象に向かい合う研究的な関係を構築し、事実に即した検討会にしていくことが肝要です。そのためには、子どもの学習を話題の中心とすることが有効です。

教え方から議論しはじめると、事後検討会は授業の論評会となり、授業者が責められる構図となるし、授業観や授業スタイルの違いをぶつけ合うだけになる危険性もあります。また、教材解釈の妥当性から議論しはじめると、教科の壁で全員参加がむずかしくなり、そもそも授業するまでもなく、事前でもできた議論になる傾向もあります。

このとき、子どもの学習や授業の実際から話をはじめることができれば、直接的に問題だと指摘しなくても、事実が問題点に気づかせてくれるし、事実をくぐることで、事後検討会だからこそできる教材研究（子どもの学習過程に即した教材解釈の妥当性の検討）が可能になります。

ただし、子ども研究から出発しながらも、教師の教材解釈や授業中の指導との関連で検討する視点をもたなければ、教授・学習過程である授業について研究したことにはなりません。

教師としての成長の核心は、子どもがどう学ぶかをリアルに想像しながら、教えることをデザインして応答的に展開できるようになったり、教える内容のポイントを捉え直したりできることにあるのです。

子どもの学習から教師側の働きかけにさかのぼる、あるいは、子どもの学習の事実と教材の本質を確認したうえで、教授方法の議論に進む（事前の構想と同じ順序）など、子ども、教科内容、教授技術の三つの話題の配列と時間配分を工夫することも考えられてよいでしょう。

以上のように、事例研究を通じて、一つの授業の出来事の意味を深く解読する一方で、その事実から一般化・言語化を図り共有可能な知を創出する契機を埋め込むことが重要です。

事後検討会のなかに、ベテラン教師や研究者が軸となって、あるいは、参加者全員で、事例から何が一般化できるかを考える時間を組み込んだり、「研究だより」のような形で、知の一般化・言語化・共有化を図ったりする工夫も考えられます。これにより、教師の授業研究において、教育実践を語り意味づける自分たちの言葉と論理（「現場の教育学」）が構築されます。

なお、そうした「現場の教育学」は、研究者などが生み出す系統化・構造化された理論を学んでいる程度によってその質が規定されます。たとえば、教育学や人文・社会科学の古典や専門書を読むことは、自らの実践を意味づける概念や構造を鍛えることにつながるとともに、実践で迷ったときに立ち返り、自分がぶれていないかを確かめる原理・原則（思想上の羅針盤）を形成することにつながるでしょう。こうして、**良質かつ硬質の理論を核として形成された「現場の教育学」こそが、表面的な改革に左右されない、専門職としての教師の自律的で手堅い実践の基盤となるのです。**

そうして一回一回の検討会を経験として充実させるとともに、それを確かに教師の成長や学校改善につなげていくためには、システム化がなされねばなりません。その際には、教師一人ひとりの研究マインドを触発し、成長に向けて学びを蓄積していくだけでなく、学校としての集合的な知を蓄積する組織学習の一環として、また、同僚性や協働文化の創出という学校経営の核として、それは位置づけられねばならないのです。

学びの変革の根っこにあるもの

どれだけ素晴らしい内容であったとしても、講演を聴くだけで授業や学校が変わることはありません。外部講師の知の提供や問題の投げかけを上手に生かして、士気を高め、共通理解を形成し、学校のシステムと文化、授業と学びの変革に向けた取組へと結実させていく現場側のリーダーシップやマネジメントの重要性がここにあります。

その一方で、「たかが講演だが、されど講演」という部分もあり、改革の全体的な見取り図や意味づけを行うだけでなく、また、具体的な手法や手順を提示するのでもない形で、変革の肝になる部分をピンポイントで動かす種をまくこともできるのです。

実際、美土里小・中学校にかかわるに当たって、私は次のことを試みてきました。

●言葉が実践者のイメージを喚起し、そこから実践が動きはじめる。
●ヴィジョンと原理、そしてそれを実現するための一般的手立てをわかりやすく解説するだけでなく、変革のくびきになっているとらわれを取り除き、新しい流れをつくっていく。
●それぞれの現場に即して、ピンポイントの部分で、腑に落ちてイメージが広がる言葉を投げかける。

（Chapter-02で示されているように）「子どもの学びと教師の学びは相似形」「カフェ的な雰囲気」「ホワイトボードは作業台」といったキーワードは、幸いにして美土里小学校と美土里中学校の学びの変革の突破口となり、変革を駆動する役割を果たすことができたようです。一方で、ピンポイントで変革の突破口となった一つ一つの言葉の意味は、本章で示してきた改革の全体構想を見ることでより明らかになるでしょう。

そうした言葉の先に目指された学びの姿について、改めて考えてみたいと思います。

授業の「かたさ」を取ること自体が目的となり、カフェ的でワークショップ的な学びということが新しい当たり前になってしまうと、それは別の形での不自然な学びとなってしまうでしょう。そうしたキーワードの先に目指されてきたのは、教師や学校が暗に求める当たり前など、学びに向かううえで余計なことを忖度することなく、子どもたちがまっすぐ教材に自然体で向き合うこと（**資料3**の①から②への転換）を実現することであったと思います。
教材の世界に没入し、集中すべきものに集中するからこそ、余計なことを考えずにこわばりやこだわりがとれ、変にかっこつけたりすることもなくなり、子どもたちの表情もやわらかく、凛としたものとなる。そうして未来を創る存在である子どもたちが自然な形で教材に向かうからこそ、（教師が子どもを変えるのではなく）**「文化との出会いと対話が子どもを育てる」という学びの本質（不易）を追求する先に、これまでの当たり前を問い直し、未来につながる教室の姿が自然と顔を出してくる**のです。

教材の質とそれとの対話の深さという部分は、関係性の変化とは異なり、見えにくいものだし、劇的に改善するわけではなく、教師の地道な教材研究を積み重ねることでしでしか担保できません。

「深い学び」というとき、浅く貧弱な教材に対して、思考ツールや込み入ったグループ学習の手法などを用いることで、無理やりプロセスを複雑にするような「考えさせる」使役的な授業にならないように気をつけなければなりません。

教材それ自体の文化的価値が高く、内容に深みがあればこそ、その真価をつかむためには頭を使わざるを得ず、自ずと深い学びにつながるのです。

自然体の学びを生み出すことが自己目的化するのではなく、子どもと教師が共に教材（文化）と誠実に対話する関係性を教室に構築すること、そして、ほんものに迫る「教科する」経験の実現を目指すことが根っこにあるという点を常に確認し、教師の人間的な豊かさや教科の専門性を高める努力を怠らないことが重要なのです。

京都大学大学院准教授　石井　英真

〈参考文献〉
①石井英真（2015）『今求められる学力と学びとは―コンピテンシー・ベースのカリキュラムの光と影』日本標準
②石井英真（2017a）『中教審「答申」を読み解く』日本標準
③石井英真編（2017b）『小学校発アクティブ・ラーニングを超える授業―質の高い学びのヴィジョン「教科する」授業』日本標準
④石井英真編（2017c）『アクティブ・ラーニングを超えていく「研究する」教師へ』日本標準
⑤石井英真、原田三朗、黒田真由美編（2017）『［Round Study］教師の学びをアクティブにする授業研究―授業力を磨く！アクティブ・ラーニング研修法』東洋館出版社

Chapter 02

授業改善 8つのアクション

私たちの学校は、山あいにある小さな学校です。シカは人より多いし、イノシシやクマも出る。雨は多いですが温暖な気候、のんびりした田舎町。そんな土地柄ですから、まさか私たちが新学習指導要領の目指す教育を先取りするような実践を行うことになるとは夢にも思いませんでした。

私たちの県（広島県）では、平成26年12月に「『学びの変革』アクション・プラン」（以後、「学びの変革」）を策定しています。中央教育審議会への諮問が行われた翌月のことです。検索サイトで検索いただければ、すぐに文書を見つけることができるでしょう。その目次を見ると、第1章の「Ⅳ」に次の言葉が謳われています。

「育成すべき資質・能力」

私たちの学校が、学びの変革パイロット校として指定を受け、実際に研究をスタートしたのは平成27年4月のことです。「資質・能力」という言葉が学習指導要領改訂の議論を通じて正式に登場したのが平成28年8月[1]ですから、中央教育審議会の議論を俟たずして[2]、具体の実践をつくっていかなければならなくなったのです。

私たち現場の教師にとっては、本当に寝耳に水でした。

「今度はどんな○○教育をやらなくちゃいけないんだ…」そんなネガティブな思いが先行します。無理をすれば現場がおかしくなるんじゃないか、そんな不安感に襲われながら、これまで築き上げてきた教師としての自信を打ち砕かれる日々の幕開けでした。

それから3年の月日が経ちます。

現在の私たち教師には、研究の当初に感じた不安感、焦燥感、挫折感はありません。

まるでゆめまぼろしのようです。

初夏の青空のような澄み切った気持ちで、授業改善に切磋琢磨しています。そこかしこに学びのある毎日で、授業が楽しくて仕方ありません。教師、子ども、学校にかかわるすべての人たちが確かな手応えを感じています。このような劇的な変化が起こるとは、本当に思いもよらないことでした。

いまでは胸を張ってこう言えます。


授業が変われば、これほど子どもが変わるのか。

子どもが変われば、こんなにも授業がおもしろくなるのか。

授業がおもしろくなれば、これほど教師みんなが元気になれるのか。

学び合う子どもの姿は、学び合う教師の姿の生き写し。

私たち教師が学び合えるチームになれば、子どもたち自身の学びは劇的に変わる！


冒頭にあげたように、私たちの学校（美土里小学校と美土里中学校）は、全国どこにでもある地方の学校です。そのような私たちが、この3年の間に何を見、感じ、経験し、どこに辿り着いたのか…。

本書は、地方なのにできたという授業改善の成功談ではありません。地方だからできたというのとも異なります。

学校の文化・規模、地域特性など、学校によって教育環境は様々です。しかし、全国どこの学校であっても、教師が円陣を組んで本気で取り組めばきっとできる授業改善のプロセスというものがあると思います。そして、小学校と中学校の教師同士の学び合いが何をもたらすのかを紹介することが、本書のミッションです。

ぜひ一人でも多くの方に、私たちの挑戦を知ってほしい、そんな願いをもっています。

〈注①〉中央教育審議会「審議のまとめ（案）」を指す。なお、「案」がとれ、正式公表の段階となると、「育成を目指す資質・能力」と文言が改められた。これは、「すべき」だと強制性があり、「資質・能力」はあくまでも目指すゴールイメージとなるよう表現が和らげられたと言われている。

〈注②〉平成26年3月、文部科学省に設置（平成24年12月）された「育成すべき資質・能力を踏まえた教育目標・内容と評価の在り方に関する検討会」より「論点整理」が公表されている。これは、次期学習指導要領に向けての基礎的な資料を得ることを目的としたもの。「『学びの変革』アクション・プラン」は、この「論点整理」を含めた基礎資料を下敷きにしていると思われる。

Action 01

授業パラダイム・シフト

「学びの変革」って、なんなん?

平成27年3月。

「本校（美土里小学校）に大きな研究指定がありそうです」世間話のついでという感じで、校長先生が切り出しました。「何やら学校教育を根底から改革しなくてはいけないくらいの規模らしくて、『学びの変革』をめざす研究のようです」

「学びの変革…」

国語や算数といった研究なら見通しもつくし、（指導者それぞれ得手・不得手があるものの）教科の研究指定であれば何とか進めていけそうな感触はありました。しかし、今回の研究テーマは「学びの変革」です。それがどのような研究なのかまったくイメージできませんでした。

当初、この件について、職員室内で話題にのぼることはありませんでしたが、パイロット校として正式に研究指定を受ける段になって、教職員のうちにわき上がってきたのは次のような気持ちでした。〝何で、うちの学校なん?〟

「学びの変革」パイロット校事業は、広島県教育委員会が平成26年12月に発表した、「広島版『学びの変革』アクション・プラン」の具体化に向けて、広島県内の小学校14

校と中学校16校の計30校をパイロット校として指定し取り組んだ事業です。初年度は、資質・能力の育成を基盤とした教育を進めることや、課題発見・解決学習の過程を取り入れた単元開発に取り組むことが求められていました。

そんなある日の会合のときのことです。教育長（安芸高田市教育委員会教育長）から、次のように問われます。

「何で本校がパイロット校に指定されたんだと思う？」

この問いに答えられた教職員はいません。教育長は続けて言います。

「これまで組織的に授業改善に取り組んでいたのが本校だったからだよ」

この言葉を聞いて、〝そうだ！　本校は選ばれし学校なんだ〟と前向きに捉えた教職員はわずか数人。ほとんどは〝これで業務が増える〟〝これからどんなことになるんだろう〟と多忙感や不安感が先行します。なかには「パイロット教員が何とかしてくれるんじゃない？」などと他人事のように感じている教職員もいたようです。

そうはいっても、決まった以上は、平成27年度から研究をスタートさせなければなりません。春休みに入ると、年度末の書類の整理に加えて、次の項目に着手します。

①事業計画書の作成
②平成27年度の研究主題の設定　など

実のところ、県の方針を受けつつも、関係書類の空欄をとにかく埋めるのに精一杯。県教委が公表している資料や、似たような研究はないかと出版物を買い集めて読みあさりますが、明確なイメージをもつには至りません。

当時、はっきりしていたことは、「総合的な学習の時間を軸に据え、特定の教科を決めて研究を進める」ということだけです。しかし、総合的な学習の時間は、学級担任ごとに年間計画に沿って学習を進めていましたが、研究対象として進めていた教職員はほとんどいません。教職員の士気はなかなか上がりませんでした。

このような混迷と見通しのつかない不安感を抱えたまま、パイロット校としての1年目の研究がスタートしました。

この年に本校に赴任してきた初任者は、当時の気持ちを次のように振り返っています。

辞令交付の前に学校にご挨拶に行くと、青々とした芝生が広がる校庭を目にし、4月からの教員生活に期待が膨らみました。

まずは校長先生にご挨拶をしました。そこで覚え切れないくらいたくさんのお話をしましたが、この言葉だけははっきりと印象に残りました。それが、「広島版『学びの変革』アクションプラン　パイロット校」です。期待から一転、なんのことだか全く分からない、すごい学校に来てしまったなと怖気づいたのを覚えています。

自宅に戻ると、すぐに「学びの変革」をインターネットで検索し、資料に目を通しました。

しかし、読めども読めども、全くわかりません。「何をどうしていくのか」「教育実習で見てきた授業と何が違うのか」疑問は広がる一方でした。さらに、学級担任もはじめて、６時間授業することもはじめて、こんな私がこの学校でやっていけるのか、不安は大きくなるばかりでした。

「かたい」授業のどこがいけないの？

「学びの変革」パイロット校事業にかかわる美土里小学校のアドバイザーについて安芸高田市教育委員会と協議をするなかで、本書の編著者である石井英真先生のお名前が挙がりました。石井先生は、広島版「学びの変革」アクション・プランの策定にもかかわりがあり、その見識は必ずや本校の研究を後押ししてくれるだろうと考えたからです。

そこで、私たち（教育長、教育委員会指導主事、本校校長、パイロット教員の４名）は、京都大学を訪問しました。

そのとき、石井先生から本事業を進めていくうえで次のアドバイスを受けます。

● 深まりのある「学び合い」にすることが大切であること（グループで話し合ったことを発表するだけの授業では「学び合い」とはいえない）。
● 子どもたちにとって「学ぶ必然性を感じる授業」「学びがいのある課題」を設定することが大切であること。
● 「末広がりの単元構成」にしていくことが大切であること。

いまでは、その重要性を理解していますが、当時は石井先生のアドバイスの意味が分からず、自分たちの研究と結びつけて考えることができませんでした。

その石井先生にはじめて本校の提案授業を参観いただいたのは、平成27年9月のことです。この授業は小学校と中学校の全教職員が参観していました。

その授業後の協議会でのことです。石井先生は講話の冒頭で次の話をされました。

「**授業がかたい**という印象を受けました。**もっと子どもたちに学びを委ねてはいかがでしょうか**」

ほかにもたくさんの話がありましたが、この言葉の印象が非常に強く残りました。

その日の提案授業は、私たちがこれまで実践してきた授業形式よりも話し合い活動を取り入れ、子ども主体の活動を意識した、私たちなりに自信のある提案だったのです。

それを「かたい…」と評された石井先生の意図がよく分かりませんでした。

「かたいって、どういうことでしょう…」

「学びを子どもに委ねるって、話し合い活動を取り入れることではだめなの？」

「なんでもかんでも子どもに委ねたら、収拾がつかなくなるんじゃないかなぁ」

「そもそも、なぜこれまでの授業スタイルではいけないのでしょうね…」

職員室に戻った私たちは、お互いに胸の内にあるものを正直に語り合いましたが、意気消沈です。

「とにかくも意識を切り換え、ゼロスタートでアイディアを出し合いましょう」そのようにして（苦い思いをかみしめつつ）石井先生をお招きしての最初の研究授業を終えました。

その後、私たちは、石井先生の言う「子どもたちに学びを委ねる」ことを軸に据えて、次のテーマを設定することにしました。

●子どもたちのどのような姿が、「学びを委ねる」ことになるのか。
●「学びを委ねる」指導とは何をどうすることなのか。

他方、本市の教育委員会は授業スタイルとして「学び合い」を提唱していました。その考え方をもっと全面的に取り入れることで、「子どもたちに学びを委ねる」ことにつなげられるのではないかと仮説しました。骨子は次の2つ。

○教科の学習計画のなかに「集団思考」や「グループ学び」を取り入れる。
○個人の学びよりも、集団で練り上げて、指導者の意図のもとに学びを発展させる。

そのうえで、実際の授業を通じて、この2つを実現できているかを検証したところ…。

●「グループ学び」と言いながら、お互いの考えを伝えるだけで、「学び合う」にはほど遠い授業が繰り返されていた。
●「グループ学び」を取り入れているつもりでも、子どもたちが「分かった」と思える授業になっていなかった。

そのような折、校長から「教室内の机の配置を変えてみたら?」と提案がありました。「コの字型」にすることによって子どもたちの話し合いを促すとともに、授業における教師の立ち位置（単にどこに立つのかではなく、授業で求められる教師の本当の役割）を研究してみては?という趣旨だったのだろうと思います。

また、子どもたち全員が黒板に向かう従来型の机の配置だと「授業者はつい話をしい、すぎてしまう」「授業時間中の子どもたちの発言時間をいかに確保するか」という考え方も背景にあったのでしょう。

確かに、机をコの字型にすれば、子どもたちの話し合いは進めやすくなるかもしれません。しかし、ただコの字型にすればよいということでもありません。

教職員からは、「コの字型だと、友達の顔がよく見えたり、その授業とは関係のない掲示物など余計な情報が入ってきたりするから、特に学習に集中しにくい子どもの場合には弊害のほうが大きいのではないか」という声があがります。授業中の落ち着きが失われ、授業が寸断されてしまうことを危惧する教職員のほうが多かったのです。

結局、教職員間のコンセンサスを得るどころか、コの字型の学級と従来型の学級に分かれてしまい、かえって校内の教室環境の統一感が失われてしまう結果に…。なかには、「うちの学級の机はこれまでどおりの配置にします」と宣言する教師さえいました。教職員間の温度差が浮き彫りになった出来事のひとつです。

思い返すと、このような混乱が起きたのは、私たちが「目指す授業像」が不明確だったことに原因があったのだと思います。しかし、当時は周囲に模倣できそうな先進校を見つけられず、自分たちで生み出すことのむずかしさを痛感していました。

頭のなかを巡るのは「授業がかたい」という石井先生の言葉。いったいどうしたらそこから抜け出せるのか…。

論より証拠　実際の授業でイメージを共有化

そんなある日、市教委の指導主事からＹ小学校の取組を紹介されます。そこで私たちはＹ小学校を訪問し、授業を見せてもらうことにしました。

このときの５年生の授業を参観したときの衝撃は、いまでも脳裏に焼きついています。その学級では、自由で自然体な雰囲気のなか、教師と子どもたちが学びの対象に向かっている姿がありました。思考ツールを効果的に使い、思考を深める手立てとしていたことも印象的でした。私たちが目指す学び合いの姿が、そこにはあったのです。

本校に戻ってからも、私たちの興奮は冷めません。校長に向かって、自分たちが何を見、何を感じ取ってきたのかを、弾丸の乱れ打ちのように報告したのを覚えています。振り返れば、どうしてビデオに撮っておかなかったのだろうと悔やまれます。

その後、Ｙ小学校の実践と私たちの実践との違いについて意見を出し合いました。

［本校の実践］学び合いの場面で子どもたちの発言を活発にする手立てとして、まず「話型」を提示し、子どもたちに身につけさせる。それに則って、子どもたちが発言し合えるように指導する。

【Y小学校の実践】 自由な発想、自由な表現で発言できるよう思考ツールを活用する（思いっきの発言であっても排除しない）。みんなが生き生きと学びの対象に向けて交流できるように指導する。「話型」といった約束事に縛られない。

Y小学校では、「先生、次は何をすればいいの？」ではなく、「先生、次はこうしてみたい」という主体的な姿と、何より楽しそうな子どもたちの姿がありました。

「『学び合い』って本当はこんなにも楽しいものなんだ」そんな素朴な発見が、私たちの強い願望を生み出します。〝私たちもあんな授業をしてみたい〟自分たちの授業のいったい何がかたいのか、なんとなく分かるような気がしました。

何のための授業なのか。授業の主役はいったい誰なのか。私たちは子ども主体と言いながら、「子ども主体」という型にはめる教師主体の授業を行っていたのではないか…。しかし、それでは子どもも私たち教師もちっとも楽しくない！

私たちの授業観を転換するためには、自分たちの外側にある授業を見るのと同時に、内側にあるお互いの授業をもっと見合うことだと再認識したのです。

とはいうものの、Y小学校の授業を参観したのはわずかに3人。あのときの感動を先生方と共有しようと校内で力説するものの、思うように伝わりません。

そこで、次のように発想を転換します。

●Y小学校が行っていた授業を私たちの手で再現する。↑再現するために必要な授業研究を推進

●Y小学校が行っていた「学び合い」を実際に体感してもらう↑私たちが目指す授業イメージを全教職員で共有化

さらに、教師と子どもとの間でもイメージを共有するために、朝会を活用して「学び合い劇」を披露しました。当初の意図とは異なり、子どもたちはもちろんのこと、温度差があった教職員の意識にもよい影響を与える取組のひとつとなりました。

こうした取組を通して、私たちが一番重視したことは、「学び合いは楽しい」という学びの文化をすべての学級で醸成することにありました。

ある日のこと、次のように子どもたちに投げかけてみたことがあります。

「うちの学校の先生方で『ドラえもん』の劇をしようと思います。たとえば、のび太はどの先生がいいと思う？　キャラクターの性格を考えながら配役を相談しましょう」

最初のうちは子どもたちも苦笑い。「どうしよっか」的な目配せが飛び交いながらも、対話をはじめました。

「やっぱ、しずかちゃんはA先生かなぁ」

「ぴったりかも。やさしいけど、ときどききびしい！」

「出来杉くんも選んだほうがいいのかな…」

「ジャイ子はどうする？」

「えっ、ジャイ子も？　ちょっと選びにくいよ…」子どもたちも教師も大笑い。

それはもう普段の授業では見られないような生き生きとした姿でした。

本当にささやかな、教育活動といってよいのか分からないような試みです。しかし、こうした交流をひとつひとつ積み上げていくことが、私たちには必要でした。

論より証拠。「学び合うとはどういうことか」「学ぶ楽しさとは何か」実際の授業を通じて、教師と子どもの双方でイメージ化しようとしていたのです。

近くて遠い小中連携

パイロット校の指定を受け、研究をスタートしたのは本校（美土里小学校）でしたが、その当初から、近隣の美土里中学校においても、本校の実践を通じて、「学び合い」の授業づくりに取り組もうという話がもちあがっていました（平成28年度からは「『学びの変革』実践指定校」として広島県の研究指定を受け、本格的な研究をスタート）。

美土里小学校は、平成15年に美土里中学校区にあった4つの小学校が統合して生まれた学校です。一方、美土里中学校は、小学校から500メートルほど離れた場所に位置する学校で、小学校統合を機に「21世紀に輝く郷土の自然・歴史・文化を愛する心豊かな子ども」を育成することを共通の「目指す児童・生徒像」として設定し、小中連携教育のより一層の充実を図っていくことが求められました。

当初こそ、お互いの実践に刺激を受けながら教育内容を充実させていこうという機運があったものの、数年の後、人事異動等により発足当時の教職員が少なくなるにつれて、前例踏襲のお約束的な行事連携に終始し、なかば形骸化していました。

この状況を打開する契機として、本校が指定を受けたパイロット校事業が俎上に上がりました。小学校と中学校の学びをつなぐことをメインタームに据えた小中連携を目指すことになったのです。

もともと小中連携には取り組んではいたので、教職員はお互い顔見知りだし、「なんとかなるんじゃないか」という見通しでした。しかし、これが実に甘い考えでした。「これほどまでに小学校と中学校で違うものなのか…」小中お互いの教師が愕然とします。その最たるものが「授業観」でした。これまで意識していなかった、近くて遠い小中連携の課題が浮き彫りになったのです。

「学び」をつなぐ根底には「授業観」の共有が欠かせない

平成27年8月には、中央教育審議会の「論点整理」が出され、新学習指導要領改訂の審議が活発化し、さまざまなキーワードが打ち出されます。具体的には、「何を学ぶか」（教育内容）といった従来のコンテンツ・ベイスの考え方に加え、「何ができるようになるか」（資質・能力）といったコンピテンシー・ベイスの考え方、「どのように学ぶか」（アクティブ・ラーニング）といった授業改善の考え方です。

その背景には、先行き不透明な未来社会を生き抜くために必要な汎用的能力（資質・能力）の育成があり、子どもの学びそのものが審議の中心軸となっていました（いま振り返ってみれば、それは私たちが暗中模索していた「学びの変革」そのものでもありました）。

私たちは、パイロット校事業を通して学びをつなぐ小中連携を進めていくためには、教職員間で「授業観」の共有化が必須であることに気づきます。中学校の先生方との意識の隔たりが、私たちの解決すべき課題を浮き彫りにしてくれたのです。

お互いに対話する機会を設けると、中学校の教職員からさまざまな意見が出されました。骨子をまとめると次のとおりです。

- 確かに『生きて働く学力』を育てること自体は大切かもしれない。
- しかし、実際に、高校受験となれば、結局のところ試されるのは知識量である。
- だから、やはり知識伝達型の授業のほうが有効だ。

資料1　国語科学習指導案（略案）

1　単元名　宮沢賢治の作品を深く味わおう
2　教材名　「やまなし」（資料　「イーハトーヴの夢」）
3　単元を貫く言語活動
「やまなし」や他の宮沢賢治の作品の帯をつくろう。
4　単元を通した学習課題
賢治は、なぜ「やまなし」という題をつけたのか？
5　本時の目標
賢治が「やまなし」で一番伝えたかったことについて、自分の考えを深めよう。
6　学習の展開
①前時までにグループで考えた「作者が一番伝えたいこと」を分類・整理して短冊を五つ程度示す。
②「中心人物の心情の変化からまとめているもの」、「五月と十二月の対比の学習から考えているもの」、「賢治の生き方や考え方を生かしているもの」の三つの観点で、ピラミッドチャート（思考ツール）を用いて、主題を絞り込む。
③学級討議のなかで話し合ったことをもとに、自分の考えを記述する。

●そのために必要なことは、「生徒同士がいかに学び合うか」ではなく、「教師がいかに分かりやすく教えるか」にある。
●グループ内での対話など入れていたら、かえって授業が混乱し、確かな知識が身につかない危険性すらある。

お互いに対話したことで、「ただ教職員同士で意見交換を重ねるだけ、では、授業観の共有化を図れそうにない」ことがはっきりしました。小学校で目指す「授業観」を中学校に無理強いしてもうまくいかないし、そうかといって小学校と中学校とで共通理解できそうな部分を切り出し

資料２　小中合同協議の様子

て連携を図ったところで、その場しのぎの実践に終始し、すぐに形骸化してしまうでしょうから。

そこで、私たちは、（途中段階ではありましたが）とにかくも小学校における研究成果を実際に見てもらうことにしました。教材は、小学校６年生国語の「やまなし」です（資料１）。宮沢賢治の生き方に迫ることを目的として、単元に並行読書を盛り込みつつ、作品の読みを深めていく授業でした。

実際の授業では、子どもたちは、宮沢賢治の生き方を感じ取りながら、「やまなし」に描かれている主題に迫っていました。小中合同の協議の場を設け、本時でどのような発問や支援が有効かを検討することにしました（資料２）。以下、授業を参観した中学校教員の率直な感想です。

「ここまで『やまなし』を読み深めている子どもたちは『すごい』と思う反面、ここまで読み深める必要があるのだろうか」
「国語の読みの授業では、文学評論家を育てることではなく、読書に興味をもつ読書人を育てることなのに、やりすぎだろう」
「国語嫌いの子どもたちになってしまうのではないか」
「評価規準のなかに資質・能力についての評価が示されていたが、資質・能力ばかりに目を奪われると、肝心の教科の目標実現がなおざりになってしまうのではないか」

なかなか一筋縄にはいきません…。

今年の新入生は学ぶ姿勢が違う

私たちが、パイロット校としての研究をはじめてから1年後、中学校もまた「学びの変革」実践指定校を受けることになります。小中が連携して、パイロット校としての研究をさらに深めていくという趣旨です（小学校での研究もまだ手探りだというのに、話が大きくなったものです…）。

そして、この年、広島県内で劇的な変化が起きます。まさに美土里中学校にとどまらず、県内中学校すべての先生方にとって激震ともいえる出来事です。

それは、公立高等学校の入試問題が大きく変わったこと。**従来型の知識量を問う問題から、思考力を問う問題への変更**です。与えられた資料（非連続型テキストを含む）から必要な情報を読み取れないと、設問に答えられない問題、すなわち、高校入試において全国学力・学習状況調査で問われるB問題が登場したということです[①]。

このことが意味することはただひとつ。**なにをもって受験学力とするのか、学力観の変更を意味するものであり、中学校の先生方が重視してきた「教師がいかに分かりやすく教えるか」という「授業観」では通用しなくなる**、ということです。

このような入試問題の変化が、中学校の先生方にとって「学びの変革」が目指す授業観を受け入れるきっかけとなったことは間違いありません。

高校入試は、子どもたちにとって人生の大きな岐路のひとつです。そして、子どもたちの将来を案じる気持ちに、小学校の教師であろうと、中学校の教師であろうと変わりはありません。だからこそ、「入試問題が変わった以上、それに対応できる『授業観』に変えなければ！」という思いになったのだろうと思います。

〈注①〉平成29年5月、文部科学省より「大学入学共通テスト（仮称）」実施方針（案）が公表された。これまでの大学入試センター試験の知識・理解を問う問題とは大きく異なる点もさることながら、その問い方が、まさに毎年小学6年と中学3年で実施されている「全国学力・学習状況調査」のB問題そのものだった。このことは大学入試においても、求められる受験学力が変更されることを意味する。「資質・能力」「主体的・対話的で深い学び」に代表される今次学習指導要領だが、実は大学入試改革と高校教育改革こそが、今回の教育改革の本丸だと言われている。

資料3　パイロット校としての歩み

■平成26年度
〔3月〕パイロット校の打診
■平成27年度
〔4月〕パイロット校に正式指定
〔4月〕研究部の設置
〔4月〕指定内容を教職員で共有
〔6月〕石井先生にアドバイザーを打診
〔7月〕「学び合い」の授業イメージを教職員と児童とで共有化
〔9月〕Y小学校の授業を参観
〔9月〕かたいといわれた協議会
〔10月〕試行錯誤の取組

中学校の先生方が、授業観の転換に本気になったのには、もうひとつの出来事があります。それは、新入生の姿です。

平成28年度の新入生には、これまでにない大きな特徴があったのです。それは、課題解決に向け、自分たちの考えを積極的に出し合い、あきらめずに取り組む姿です。そして、その姿は、それ以前の学びに対して受け身だった姿とはまるっきり異なっていました。

「なぜ、今年の新入生はこれまでと違うのか」と中学校の先生方が驚きます。しかし、その答えは明白でした。その年の新入生は、美土里小学校で一足早く「学び合う」授業を体験してきた「学びの変革1年生」だったのです。

このころを境に、小・中学校の教職員がお互いを受け入れ、共に学び合えるチームとして挑戦していける土壌が生まれはじめたように思います。

小学校教諭（生徒指導主事）　香口　敏子
中学校教諭（教務主任）　今田富士男

Action 02

教師のための課題解決プロセス

教師が話しすぎない「中学校での授業観」

読者の先生方は1時間の授業を通じて、どれだけの時間話をしていますか？　20分？　それとも30分？　さすがに授業時間フルに話し続ける方はいないと思いますが、殊に中学校では、およそ7～8割くらいの時間は、教師が話し続けているのではないでしょうか。

それもそのはず。なにしろ、私たちがかつての中学生時代、実際に受けてきた授業がそうだったからです。

いわゆる講義型の授業です。そのことに対して何の疑問ももっていませんでした。それは、教師になってからも同様です。周囲を見渡しても、みな講義型の授業でしたから、疑問の余地のあるはずがありません。

講義型の授業で重視されることは、「いかに上手に（効果的・効率的に）教えるか」にあります。いわば「事実としての知識の集積（量）」が、そのまま受験学力につながっていた以上、教師が話をする時間、これが授業に占める割合の高いのは必然です。

私たち中学校教師は、50分の授業でどれだけ多くの情報量を効率的に生徒に伝授するかに腐心してきた（切磋琢磨し、その技量を高めてきた）といえます。それが、「学びの変革」の到来によって、これまでの「授業観」の転換が余儀なくされます。

「教師が一方的に話し続ける授業では、子どもたちの資質・能力は育まれません」

「教師が話をするのは導入の5分、それ以降は生徒に考えさせる時間を十分に取ってください」

こうした提案に抵抗感を覚えずにはいられませんでした。「授業観」の転換は、当時の私たちにとって、価値観の否定にほかならないと感じられたからです。

しかし、その後の授業研究の積み重ねによって、現在では話しすぎない授業のもつ意味を理解できるようになりました。それは、「学び合いの授業は、教師の話をする時間が短いほどよい」わけではないということでもあります。

戒めるべきは一斉・画一的な教え込みです。なぜなら、その手法では、「事実としての知識量」を増やすことができても、子どもたちが将来生きて使える知識、すなわち「概念としての知識」の獲得につながらないと考えられるからです。

生徒たちが知識の概念形成を図っていくうえでは、次の「学力観」があります。

「知識は教師が与えるものではなく、（学び合いによって）生徒自身が獲得していくもの」

このように、「生徒が自ら知識を獲得できるように教え導くのが教師」という「教師観」に基づく、教師が一方的にしゃべらない「授業観」だということです。

現実、受験学力が思考を問う設問にシフトしている以上、私たちは変わるべくして変わることが求められたといえます。ですから、これからの中学校の授業では、（教師が話をしてはいけないということではなく）生徒たちの学び合いが充実するようなファシリテーターとしての話し手となることが求められるということなのです。

ここからが私たち中学校教師の「しゃべらない」との戦いのはじまりです。

ある日の授業後、参観した研究主任から次の指摘を受けます。

「説明等を含めて、先生がしゃべっていた時間は18分でした」

そう、彼はストップウォッチで私のしゃべっている時間を計測してくれていたのです。

前述のように、授業中に教師が話をする時間が短いほどよいということではありません。しかし、それでも50分中の18分というのは、さすがに「まだ、話しすぎているな」と感じさせられる結果でした。

とにかくこの時期は、ファシリテーターとしての指導までは一足飛びに行けそうにないので、まずはできるだけ話す時間を短縮化することに挑戦していました。

しかし、以下の流れにはまってしまい、なかなかうまくいかない日が続きます。

「説明したいという気持ちをぐっと堪えて生徒たちに対話を委ねる」

⬅

「なんだかひどく不安になる」

⬅「不安を解消したくて話したくなる」

⬅「もうこれ以上は待てない」

⬅「結局しゃべってしまう」

こんな失敗を重ねながらも、ときには「教師の説明したいことを生徒のほうが説明する姿」を目の当たりにすると、「これ、割といいかも」とうれしく思えることが次第に増えていきました。そのうちに、少しずつ自分の考え方が変わっていったように思います。

しかし、私の場合は「10回試みて、そのうち1回は何となくできたかな？」と思える程度の成功率。それもそのはず。本気で取り組みはじめて、自分に足りないものは本当のところ何なのか、ようやく見えてきたのですから。

「学びの変革」という中学校教師の意識改革

理科の授業における課題解決学習への私の考え方は、実に次のようなものでした。「単元を通した課題を与えて、解決させればいいいんじゃろ」

思い返すと、いかに安易だったか考えさせられます。また、自分の専門教科であれば取り組みやすいので「できる」と思い込んでいました。

教材研究をして「どんな課題を設定しようか」「生活と密着している身近な課題は何だろう」と考えることは楽しいことでした。しかし、いま思えば、私の課題は「生徒への課題設定」ではなく、もっとほかのところに隠されていました。実は、前時までの学習の定着こそが、そのときの私の解決すべき課題だったのです。

痛感したのは、研究授業のときのことです。

学習内容は、光による現象の凸レンズのはたらきで、本時までに凸レンズを通る光の道すじ、凸レンズによってできる像を調べる実験まで学習していました。そして本時の【目標】を「物体と凸レンズの距離による像のでき方が説明できる」と設定し、生徒が実験の結果と凸レンズを通る光の進み方をもとに，実像と虚像がどの位置にどのようにできるのかを作図によって求め、像ができる条件を見いだすことが授業のゴールでした。

10分以内で前時までの復習と説明を含めた導入を終わらせた私は、「後は、生徒の学び合いの時間を確保し、本時で目指すゴールにつながるキーワードや考え（意見）が生徒から出たら、それを拾って授業を進めたらいい」と考えていました。

しかし、いざ研究授業がスタートすると、「あれ？　このまま自分がしゃべらずにいて、生徒自身が自ら学ぶ授業になる？」という疑問が脳裏をよぎります。生徒同士の学習がうまくいっていなかったからです。これは、明らかに前時までの学習の定着が不十分だったことの現れでした。

前時までの内容はそんなにむずかしくもなく、きまりを守って作図をすれば目指すゴールにたどり着けると私は高をくくっていました。しかし、実際に生徒たちにバトンを託したところ、「ただ線を引くだけの作図ができない」「できていても、なぜ線を引くのか作図の意味が分かっていない」ことが浮き彫りになります。

そう、私が生徒の学習状況を把握できていなかったために、授業が立ち往生してしまったのです。

従来型の授業であれば、定着が不十分だと判断した時点で、（時間の許す限り）教師である私が説明すれば済むことです。しかし、「学び合い」の授業ではそうはいきません。

それでも、「生徒の考える時間を確保する」と決めていたので、「もう少し時間を取れば、生徒の誰かが気づいてくれるかもしれない」と一縷の望みをかけて待ちに待ちました。しかし、そんな神頼みでうまくいくはずがありません。結局、授業時間を使い果たしてしまい、目指すゴールにたどり着けませんでした。

誰が見ても一目瞭然、ぼろぼろの授業です。その後の協議会のことを想像すると、もはや針の筵《むしろ》。きっとまともな協議にはなるまい。「いやだ、もう帰りたい」という思いが頭をめぐっていました。

しかし、実際に協議会がはじまると、先生方からの様々な意見を通して、はっとさせられます。それは、言葉にすると何でもないことのように聞こえるかもしれませんが、「教師がしゃべりすぎない授業」「学び合いの授業」に苦しんでいた私にとっては、「我が意を得たり」という視点でした。

それは「つなぐ」ということ。

もしあるグループの学び合いが止まったら、周りのグループの生徒に振ればいいという考え方です。

「A班はおもしろい発想をしているね。その考え方なら作図の意味に一歩近づきそうだ。ちょっとBさん、みんなに紹介してくれない？」

「C班は何か困っているようだね。どんなことで困っているの？」

「〇〇で困っています」

「C班が〇〇で困っているようなんだけど、他のグループで解決方法を考えたところはないかな？　もしかしたら同じことで困っている班もあるかもしれないから紹介してくれないかな」

このような教師の合いの手によって、学び合いが止まった班の生徒にとっては学び合いをリスタートできるし、A班の生徒にとっては自分の考えを価値づけられて意欲を高めることでしょう。こうした「つなぎ」が「学び合い」の授業で必要とされるのだと私は学びました。

それと、もうひとつ。**「学び合い」が全体的に停滞していたら、そのタイミングを見逃さず、いわばカンフル剤として、教師が活動の状況をもう一度説明する**ということです。

生徒の学習（活動）状況を見定めて、必要に応じて合いの手を入れて導くファシリテーター役に回ることが「学び合い」には欠かせない、だからそのための技術の向上こそが必要であることも分かってきました。

研究授業の次時、学び合う活動の時間に困り顔をしていた生徒がいたので、私は試しに何に困っているのかを聞き、今度は生徒全員に向かってもう一度説明し直してみました。

「いま、どうやって作図をすればよいか、つまずきを感じている友達もいるようなので、もう一度説明します…」すると、実際に困っていた生徒だけでなく、教室のあちこちから「あ～そういうことか」という声があがりました。その声を聞き、私の指導の全部が間違っていたわけではないことが分かり、少し元気が出ました。

私にとっての「学びの変革」は、今までの自分の授業を破壊し、根本からつくり変えることにほかなりませんでした。と同時に、「子どもたちの生きる力」を本当につけられる授業になっているか自分の授業を問い直す、とても大きなきっかけになったのです。

「教科する」ための課題設定と単元計画

石井英真先生は著書『今求められる学力と学びとは』（日本標準ブックレット、2015年1月）のなかで、次のように「教科する」授業について述べています。

> 教科指導における「真正の学習」の追求は、「教科する（do a subject）」授業（知識・技能が実生活で生かされている場面や、その領域の専門家が知を探究する過程を追体験し、「教科の本質」をともに深め合う授業）を創造すること。

思考したり、実践したり、表現したりすることは、実際にやってみないと伸びていきません。故に、「教科する」授業を創るには、まず学習の主導権を子ども自身に委ね、活動的で共同的な学びのプロセスを組織することが必要です。

この考え方は、新学習指導要領が求めるカリキュラムづくりに通ずるものだと思います。

①課題解決に必要となる知識を習得する授業
②習得した知識のなかから取捨選択し、課題解決を図る授業

これら2つの授業スタイルをどのように単元に組み込んでいくか。一口に課題解決学習といっても、単元のすべての授業を課題解決にしなければならないというわけではありません。課題解決を行うためには、その前提として右記の①の授業が必要となります。

問題は、単元のうち、どの時間に①の授業を位置づけるか、それはどれくらいのボリュームか、単元の最初に固めて確保するか、それとも学習の進行に合わせて、②の授業の合間に①の授業を差し挟むかなど、①と②の授業をバランスよく配置する単元計画が必要となります。その計画が適切か否かを判断する根拠が、目の前の子どもの学習状況

です。

ですから、同じ学校の同じ学年であっても、学級が違えば同じ計画にはならないはずです。目の前の子どもたちの姿（学習状況、性格、子ども同士の人間関係、教師と子どもとの関係性など）いかんで、実現すべき事柄や計画の適切さが変わるからです。

こうした考え方を踏まえ、私たちは、「子どもたち自身が自分で考えることを通して習得した知識をたどり、獲得した知識を実際に活用することで学習の定着を図る」活動を目指して課題設定と単元計画を行うことにしました。

たとえば、次は平成29年度に設定した課題の一部です。

「名刺交換の回数から全体の人数を求めよう」（数学科）
「神楽の口上にどんな合いの手を入れるか」（国語科）
「階段のスイッチの回路のしくみを考えよう」（理科）

子どもたちにとって、「学ぶ必然性が生まれるような、そしてまた、好奇心をくすぐられるような身近な課題にしたい！」そんな気持ちで課題を考えています。

ホワイトボードは作業台

これまでの授業でも、ホワイトボードを活用した活動を行っていましたが、その活用法は、あくまでも発表用でした。「グループで出た意見をまとめてホワイトボードに書いて発表してください」という案配です（そのような意味では、模造紙でも代替可能な活動でもあります）。

このように、ホワイトボードに書き込まれたものは、子どもたちが学習したことの結果です。それを結果としてではなく、いまこの瞬間に子どもたちが学習していることの過程となるようなホワイトボードの活用に切り換えられないものかと考えるようになりました。

これは、まさに結果につながる思考のプロセスにほかなりません。**自分がどう考えているのか、友達はどう考えているのかを目に見えるようにする、子どもたちの思考の可視化こそ、学び合う授業に必要だ**と思うのです。このように可視化された子どもの思考は、教師にとっての子どもの学びの見取り図ともなります。

算数や数学の問題を解く活動での活用がイメージしやすいと思いますが、このとき、数学的な美しさや表現のうまさにとらわれないほうがよいと思います。算数・数学という教科の特質上、解法については、いかにシンプルで、いかに最短距離で答えにたどりつくか、その美しさ、洗練さを教師はつい求めがちです。

それが悪いわけではないのですが、それよりも、なぐり書きで、何度も消した跡があって、ときにはいびつで不揃いだけれども、子どもたちが計算問題とどう取っ組み合っ

資料　ホワイトボードは学びを深めるための作業台

たのか、**試行錯誤の生のプロセスが見えるようにすることを重視している**のです。そのほうが子どもは、(たとえ、たどたどしくはあっても)子どもらしい解法の説明をしてくれるでしょう(**資料**)。

これは、「ホワイトボードは作業台」という考え方に立脚しています。

何か考えが浮かんだら思いつくままに書き込む、友達の考えと似ていたら線で結ぶ、何かおかしいと思ったら書き直す、このようなプロセスを、グループでの対話を通して行えるならば、それまで思いもしなかった新しい発想さえ生まれることがあります。

そして、最後には、グループで共有した考えを基に、一人一人の子どもが自分なりに再構成できるような活用を目指しています。

子どもたちの声を聞いて、つないで、もどして、広げる

子どもたちが「学び合い」をはじめると、授業者は教室中を歩き回って、子どもたちの様子を観察します。それは、従来型の机間指導にも似ていますが、計算処理したり文章を書いたりしている子の進捗を確認するためではありません。「学び合い」中の子どもの困り感や意見をつなぐための情報（材料）を集めるためです。話すことが苦手な子、書くことが苦手な子などに小声でアドバイスすることもありますが、それは、その子ども個人に対するケアだけでなく、学び合いの活性化が目的です。

授業は生もの、鮮度がイチバン。その鮮度を見極めるための情報収集であり、その授業で教師が学んでもらいたいことを、いかにして子ども自身の学びによって獲得できるか、そのあたりを意識しながら明確な意図をもって指名します。

また、教師に向かって発言するのではなく、クラスメートに向かって子どもが発言できるように、教師は教室のはじに移動します。できるだけ学習の主導権を子どもにもたせて、子ども同士で双方向性のある授業になるように努めています。

このとき、重要なキーワードは、次の「つなぐ」「もどす」「広げる」です。

【つなぐ】全体に広めたいよい意見や考えを伝えたり、子ども同士の意見や考えをつなげたりする。また、思考が止まって困っているグループがいたら「今どんなことで困っているの？」と聞き、そのことを全体に問い、クリアしているグループからヒントになる考えや意見を教えてもらう。

【もどす】それを基にまたグループで考える。またはグループや全体で話し合った内容を基に個人の考えをもつ。考えをまとめる。

【広げる】グループや個人の考えを全体で共有して深める。

発言した子どもの反応の受け止め、その発言に対する切り返しが中心になる授業です。とはいうものの、この「つなぐ」「もどす」「広げる」が、一番苦労している取組です。3年もの間に積み重ねてきた研究の成果をもってしても、本当にむずかしい…。

小学校教諭（研究主任）末永　裕子
中学校教諭（教務主任）垣内田　充

Action 03

学び合える チームが 「いい授業」をつくる

子どもの学びと教師の学びは相似形

　これまでの研究を通じて、私たち小学校教師は「こんな子どもたちに育てたい」という子ども像、「こんな授業をしてみたい」という授業像をお互いに共有できるところまではきていました。しかし、（イメージできるだけでは）私たちの目指す「カフェ的な学び合い」（具体的な実践は107頁の「異学年交流」で紹介）には到達できないことに気づかされます。その壁を打ち破ってくれたのが、「子どもの学びと教師の学びは相似形」という考え方でした。

　そのころの私たちは、子どもたちに対して「友達と学び合おう」「学び合うって素晴らしいことなんだよ」としきりに声をかけていました。しかし、なかなか思うようには学びが「カフェ的」になりません。

　何がいけないのだろうと思っていた矢先、石井先生の言葉ではっとさせられます。**私たちは自分たちができていないこと（したことがないこと）を子どもたちにやらせようとしていたのではないか…**と。

　教師が「学び合う」ことのよさをいくら説いたところで、私たち自身がその本当のよさを体感できていないならば、そのおもしろさも楽しさも子どもたちに届くはずがないのです。このままでは型にはめ込むような学び合いから抜け出すことはできないと気づかされました。

子どもの学びを考える以前に、**「私たち教師こそが学び合える関係性を築き、よりよい授業を構想する『学び合い』のトレーニングを積むことのほうが先なのではないか」**そう考えた私たちが手をつけたのが、研究授業後の研究協議会のもち方でした。

それまでの研究協議では、司会者が参加者の発言をどのようにつなげていけばよいのかに苦慮し、活発な研究協議にならない場面が多く見られました。参加者の立場から言えば、討議の柱に沿った発言をしなくてはならないと思うあまり、発言を求められても、流れから外れる考え、流れとは関係のない思いつきなどを発言するのが憚《はばか》られる雰囲気がありました。そのため、実際に何か思いついても、発言そのものをためらってしまうのです。具体的には次のような様子です。

「何か意見はありませんか？」

しーん…

「授業の感想でもよいので、発言をお願いします」

いくつか発言があります。

「少し時間は早いですが、指導・助言の先生からお話をお願いします」

これでは、ちっとも盛り上がりません。授業者からすると、せっかく授業を公開したのに得るものは少なく、参加者にしてみれば、お互いに忙しい合間を縫って集まっているのに、「とりあえず、こなした」という印象しか残りません。

そこで、私たちは型にはまった研究協議のスタイルをやめることにしました。

まず、机を取り払いました。参加者はみな車座のように座ります。そして、授業を参観して気づいたことを付箋に書き、自由に前に出て拡大印刷した指導案の本時の流れに貼り付けたり、（世間話のように）意見を交換するようにしました。

「子どもに変容があったとすれば、何がきっかけか」「本時のねらいを達成しているか」など、子どもたちの様子をスクリーンに映したり、気づいたりしたことについて、自由闊達な議論となるよう目指したのです（資料1）。

この方法は、予想以上にうまくいったように思います。普段は自分からあまり意見を言わないような先生からも、様々な考えが披露されます。本当にちょっとした試みですが、「当たり前のようにしてきた様式を少し変えてみるだけで、こんなにも変わるものなのか」そう感じさせてくれた出来事のひとつです。こうした試みがうまくいった背景には、次の２つがあります。

●どのようなタイプの教師であっても、自分の言葉で自分の考えを伝えたいと思っている。
だから、自由に発言ができる環境をつくる。

●公開授業で授業者が何をやったか、それは適切だったかなどと考える前に、まず子どもたちはどうだったか、その学ぶ姿を話題のスタートラインに据える。

講義形式の進行がいけないわけではないとは思いますが、「どんな意見を交わしてもいい」という対話に切り換えたことでお互いに話しやすくなり、子どもの姿に基づいて意見を交わすようにしたことで（安易な授業者批判や指導方法一辺倒に陥らずに）建設的な対話になる、まさしく教師自身の学び合いに近づいたように感じます。

資料1　研究協議会の様子

授業者もグループの輪に入って一緒に語り合えるし、指導方法や発問について「いいか、悪いか」「正しいか、間違っているか」といった二項対立的な議論から抜け出すこともできました。

参加者も授業者も、共に元気が出る研究協議。これこそが私たちの目指すカフェ的な学びであり、それは子どもたちにとっても同様だろうという認識に辿り着いたのです。このとき、「子どもの学びと教師の学びは相似形」ということの本当の意味を、私たちは理解することができたように思います。

「学び合う授業」は「学び合う教職員集団」から

「学び合う教職員集団」とは、前述の「子どもの学びと教師の学びは相似形」と呼応するキーワードで、子どもたちに「学び合う授業をしよう」というのなら、それを指導する私たちこそが「学び合う教職員集団」でなければならないよね、ということです。

このような教職員集団となるために、私たち美土里小学校と美土里中学校は、教職員を子ども役に据えた模擬授業にチャレンジしています。この授業は、研究授業の前に必ず行うようにしています。

模擬授業を行う学校は数多くあると思いますが、**私たちの模擬授業では、小学校と中**

資料2　小中合同の模擬授業の様子

学校の教職員が一緒になって行う（資料2）ところに特徴があります（すべての授業研究を小中合同で行うわけではありませんが、合同で行うときは必ず模擬授業を行います）。

本番の研究授業を行う前に、子どもと同じ目線に立って模擬授業を受けてもらうことで、ただ授業を参観するのとはひと味違う（普段であれば授業者が気づかない）指摘が数多く生まれます。

「この課題は、子どもにとって本当に考えたいと思える課題になっているか、もう一度考えてみたほうがいいかもしれない」

「先ほどの説明は長くて分かりにくいように思う。図なども示しながら、もっと簡潔に説明するとよいのではないか」

授業者にとって、こうした指摘は本番の授業に際して非常に有益です。また、参観者にとっても、子どもの立場に立って授業のねらいや要点、課題などをあらかじめ掴んでおけるので、明確な意図をもって本番の授業を見ることができます。

ただし、いつでもうまくいくわけではありません。実は、次のようなことが起きることもあります。

それは、「この授業はこうしたほうがいいのではないか？」というベテランの先生の指摘に引きずられて、自分自身の納得を得られないまま本番の研究授業に突入してしまうことです。胸の内のもやもやを抱えたままでは、授業者は迷い、授業はブレます。それではよい授業にはならないし、授業者にとっても参観者にとっても実のある研修にはなりません。

ベテラン教師の発言は、経験に裏づけられた適切さを有しており、若手に多くの気づきをもたらす（視野を広げる）という利点があります。その一方で、単に鵜呑みにしてしまえば、かえって視野が狭くなってしまう危険性があるのです。

たとえ**指導力が未熟であったとしても、自分なりの納得に基づいて授業を行うからこそ、その教師にとっての改善への糸口となる**のです。その場しのぎのベテランっぽい授業では何かを得ることができません。

このとき、特に大切にすべきは、授業者と参観者が共によい授業をつくっていこうとする機運です。それがあってはじめて、切磋琢磨し合う同僚性が生まれます。

共に授業改善へと向かう同僚性は、授業者の指導や思いを闇雲に肯定し合うような馴れ合いでは生まれません。批判し合うばかりでも困難でしょう。ここにも「子どもの姿」を軸に論じ合うことの必然性があります。

授業でどんな指導をしたのかの裏側には、授業者の意図があるはずです。その意図が目の前の子どもの姿に立脚したものであるのかという問いであれば、安易な肯定や否定に偏らず、建設的で未来志向的な議論が生まれるはずです。

本番の授業は、授業者と子どもとの真剣勝負です。いったん授業がはじまれば、そこに第三者が立ち入る余地はありません。だからこそ、授業本番を迎える前に模擬授業という形で授業者と授業について対話していきたいと考えているのです（小中合同での模擬授業の利点については、Action-05でも触れる）。

模擬授業での対話は、授業後の研究協議で大いに生かされます。模擬授業での予想と実際の授業とではどのようなズレがあったのか、指導上の配慮事項は有効に働いていたのかなど、子どもの学びの事実をもとにしながら協議を進めていきます。

子どもの実名をあげながら、その姿を通して語り合うことは、「自分だったらどう指導しただろう」「今度はこんな授業をしてみようかな」といった教師自身の思いや願いを膨らませます。だから、**他者の授業が自分ごとになる**のです。

うれしいことに、美土里小・中学校合同の研究協議では、先生方が黙り込んでしまう時間はほとんどありません。もしあっても、それは真剣に考え込んでいる姿です。

誰かが口火を切ると、次から次へと発言が続きます。個々別々の切り離された発言ではなく、ときに補足し、ときに相乗りするように、お互いの意見がつながり合う発言です。それはもう協議の時間が足りなくなるぐらいに盛り上がります。

現在では、司会者の進行どおりにただ流れていくだけの姿はありません。司会者はただファシリテーターの役割に徹すればよいだけです。

職員室は教師のお悩み相談室

授業に際しては、「課題の設定は適切か」「学習の流れはこれでいいか」「この教材の意図するところがいまひとつ分からない」など、教師であればみな何かしらの悩みを抱えていると思います。ましてや研究授業ともなれば、その思いも強くなります。

このようなことを鑑み、私たちがとても大切にしていることがあります。それは、授業者からのSOSに対して私たち教師がみんなで一緒に悩むということです。そのためには、「分からないから教えてください」と率直に口にできる雰囲気が欠かせません。

「去年、私もそれやってみたけれど、課題がむずかしすぎたみたいで…子どもたちのなかに落ちていかなかったんだよね」

「先生、こういう考えもあるかもしれないよ」

放課後の私たちの職員室は、教師のお悩み相談室です。

みんな、好き勝手なことを言うので、「じゃあ、どうすればいいのか」とアイディアがまとまらないときもあります。しかし、大事なことは「正しいか間違っているか」といった判断ではありません。授業者が「今度はこうやってみるか」と自分なりのヒントを見つけ出し、前向きな気持ちで次の授業に臨むことにあります。

こうした同僚性は、悩みをもっている本人だけでなく、お悩み相談に答える教師にとっても有益です。「自分だったらどうするか」「A先生の場合には、その方法はうまくいくのか」と教師脳（教育的思考）がフル稼働するからです。誰しも自分なりの授業イメージをもっていると思いますが、そのイメージをより豊かにするのに、同僚のもつリソース（成功談や失敗談、悩みや展望）は本当に大きな力となります。

このことは、子どもにおいても同様です。

美土里小学校は小規模校です。教師は全児童の名前はもちろん、兄弟関係も熟知していますが、個別の情報については、（ある事柄はA先生は知っているが、B先生は知らないといった）ばらつきがある場合があります。だからこそ、学級経営に関しての悩みや子どもへの指導について気軽に話題にできることは、思い込みに走らず、正しい情報に基づいて対応できる点で有益なのです。

とはいえ、最初からうまくいったわけではありません。

いいことであれば自慢に聞こえてしまうかもしれないし、悪いことであれば誰にも打ち明けたくないものです。「自分の学級の実態をざっくばらんにさらけ出す」ということは、教師にとってハードルが高いことです。

実際、年齢差や経験年数等の違いによっても、なかなか悩みを打ち明けられない教師もいました。そこは、ベテランや長年本校に勤務している職員のほうから積極的に声をかけるように努めていました。

「どんな些細なことであっても、安易に否定されない」「悩みごとについては、周囲の先生方が一緒に悩んでくれる」こんな気持ちをもってもらえるような働きかけを続けていくうちに、(少しずつですが)話題が増えていきました。

そのような意味では、教室も職員室も同じだと思います。決して排除されず、温かく受容してもらえるから、(子どもも教師も)安心して自分の心の内を吐露することができるのです。

美土里小相談会

本校では、「学びの変革」に向けてパイロット教員は配属されましたが、(平成17年に中教審が提起したような）スーパー・ティーチャーなる者はいません。本県でもエキスパート教員という名称で制度としては存在していますが、もしそのような教員が在籍していたら、自分で考えるべきことまでその教員に委ねてしまい（あるいは、頼りきりになって）、現在あるような自分らしさ（独創性）が育たなかったのではないかとも思います。

あくまでも「私たちの場合は」ということですが、強力な指南役がいなかったおかげで、みんなで力を合わせることができたように思うのです。年齢差も大きい職員集団ですが、年齢に関係なく言いたいことを言い合える職員室の雰囲気が美土里小学校にはあります。

次は、パイロット校2年目、当時6年生を担任していた教師の振り返りです。

学びの変革2年目がいよいよスタートしました。研究主任の話によると、まずは、昨年度実施した総合的な学習の時間のブラッシュアップが必要不可欠とのこと。しかし、私は、はじめて受けもった6年生ということで、入学式や全国学力・学習状況調査、1年生歓迎遠足など、目先の行事や明日の準備に追われてしまう日々を過ごしていました。頭のなかでは、早く考えなければと思いながらも、総合の単元開発を置き去りにしていたのです。

そんなときに、声をかけてくれたのがパイロット教員でした。「M先生どんな？6年生の準備たいへんそうだね。総合の話、いつでも相談にのるよ」6年担任の忙しさに寄り添った言葉かけは、本当にうれしかったです。そして、その言葉をきっかけに6年生の総合の単元構成を本格的に検討しはじめることができたのです。

　地域の伝統芸能である神楽を題材に、児童が自ら問いをもち、様々な人たちとかかわりながら試行錯誤し、課題を解決していく過程で、一人一人の資質・能力の向上が図られる単元。担任一人では到底考えが及びません。

「悩んだときはお互い様」これは、私たち美土里小学校のよき伝統で、自然発生的に単元開発相談会が夕刻開催されました。

　私の悩みは、最初の課題設定が弱いこと、さまざまな活動につながりがもてないこと、そして、それらが原因で児童の主体的な活動にならないという点でした。これをどうにか、児童自らが課題を見つけ、解決する単元構成にならないかと集まってくれた先生方に相談しました。

　すると、さすが美土里小！　数多くのアドバイスが得られました。

「○○さんが神楽に詳しいよ」

「転入生がいるから聞いてみたら？」

「保護者に神楽団員がいるよ」

「神楽の認知度アンケートをしてみたら？」

「神楽のテレビ放映と関連づけられるかも」

この相談会のおかげで、私なりの単元の方向性が見えてきたように思います。この数か月後、また新たな課題に直面したときも、先生方のアドバイスで救われました。

私が美土里小に来て3年目になります。困っている人を助け合う美土里小の雰囲気は、年々強くなってきている気がします。1人でがんばるのではなく、チーム美土里として助け合い支え合う。この環境のなかで子どもとともに授業をつくれることを喜びに感じています。

学び方を学び合う異学年交流

いくら「学び合い」のよさについては共通理解を図れても、すべての教師の授業が、ある日を境に一斉に変わるなどということはありません。学び合いの進捗状況に教師間で明らかな温度差があったのです。指導者が丁寧に指導しても、なかなかイメージどおりの授業にならない実態がありました。

そこで、活発な学び合いを実現している学級の授業の様子から学び取ろうという話になりました。これは、なかなかうまくいかない教師に、うまくいっている学級の授業を参観させ、何が課題なのかを学ばせようということではありません。**子どもたちみんなが出向いていって、いい授業の学び方を学ぶ**のです。

資料3　「学び合い」のお手本を4年生に見せる6年生の様子

当時、4年生の子どもたちが、6年生の子どもたちの学び合う授業を参観しました。下級生にいいところを見せたい6年生は、いつも以上に熱が入ります。いつもは消極的な子どもでさえ、このときばかりは目を輝かせ、姿勢を前のめりにして学び合っていました（資料3）。

以下は、参観した4年生の感想です。

「笑顔で交流していた」

「みんな前のめりで、頭がくっつきそうだった」

「トランポリンで飛び跳ねるように、6年生が対話に参加していた」

4年生の子どもたちにとって、6年生の授業を参観するという非日常は、多くの刺激をもたらし、授業のいい受け方を学ばせてくれたようです。

万事、めでたし。と、普通であれば、あとは「6年生を見習って、みんなも授業を受けよう」

と締めくくって終わりそうなものですが、実はこの実践、ここで終わりではありません。

美土里小はさらにもう一歩踏み込みます。数日後、**今度は6年生が4年生の教室に出向き、授業を参観するというチャレンジを試みたの**です。

するると、次のようなことが起きました。

6年生の「授業のいい受け方」を目の当たりにしたとはいえ、1回見ただけですぐにできるようになるわけではありません。学び合う場面になってもすぐに停滞してしまったり、友達の意見に対してなかなか反応できなかったりしていました。

すると、各班の担当者（6年生）が、4年生にアドバイスをはじめます（資料4）。

「正しいか分からないことでも、『おもしろい』と思うことがあったら、どんどん言ったらいいんよ」

「何か分からないことがあったら、班のなかのだれかに質問してみたら？」

「もっと自由でいいんよ」

資料4　「学び合い」の極意を伝授された4年生の様子

「休み時間みたいにしゃべっていいんよ」

私たち美土里小が目指す「カフェ的な学び合い」のポイントを伝授していたのです。すると、４年生の子どもたちも、嬉しそうに、ときに恥ずかしそうに、６年生のアドバイスを実行しようとする姿がいくつも見られました。これが、この学級の授業が変わる大きなターニング・ポイントとなったのです。

４年生にとっては、「学び合い」とは何かを知り、その「学び方」を学びました。６年生にとっては、下級生に自分たちの「学び合い」を認めてもらい自己肯定感を増しただけでなく、下級生たちにコツを伝授することを通して、「学び合い」のよさをよりいっそう自覚することができました。

これが私たちの異学年交流です。

小学校教諭（生徒指導主事）　香口　敏子
中学校教諭（教務主任）　今田富士男

Action 04

学び合いが授業に与えるインパクト

この節では、学び合う授業の「よさ」とは何か、その具体の授業をどのようにつくっていこうとしたのかを、これまでの取組を振り返りながら紹介します。

小中9年間を通して育成したい資質・能力

私がパイロット教員として美土里小学校に赴任したのは平成27年度のことです。とはいえ、パイロット教員といっても、「学びの変革」のスペシャリストではありません。私自身もまたゼロからのスタートでした。

4月23日、アステールプラザで開催された第1回「学びの変革」研修会（県教委主催、県内30校の小・中学校が選出）に参加し、私と同じ立場で赴任した先生方の様子を垣間見て、自分の担う責任の大きさを実感しました。

研修会では、「資質・能力の育成」「課題発見・解決学習」など、消化しきれない内容にとまどいも覚えましたが、とにかく走りながら考えていくほかないと腹をくくることにしました。手はじめは、育成したい資質・能力の策定と、目指す子どもの姿の明確化への取組です。

研修会から数日が経ち、遠足を終えて疲労の色が見える先生方に校長室に集まってもらい、最初の議論をスタートさせたことを覚えています（**資料1**）。

まず、本校児童の昨年度までの課題、今後さらに伸ばしていきたい力について意見を交わしました。また、具体の子どもの現実と育成したい資質・能力が乖離しないよう、「知識」「スキル」「意欲・態度」「価値観・倫理観」の４つの観点から双方を紐づけます（資料２）。付箋やホワイトボードを活用しながら複数回にわたって議論し、「育成したい資質・能力と目指す子どもの姿の系統性」をまとめました（資料３）。

資料１　美土里小での議論のスタート

資料２　育成したい資質・能力と具体の子供の姿

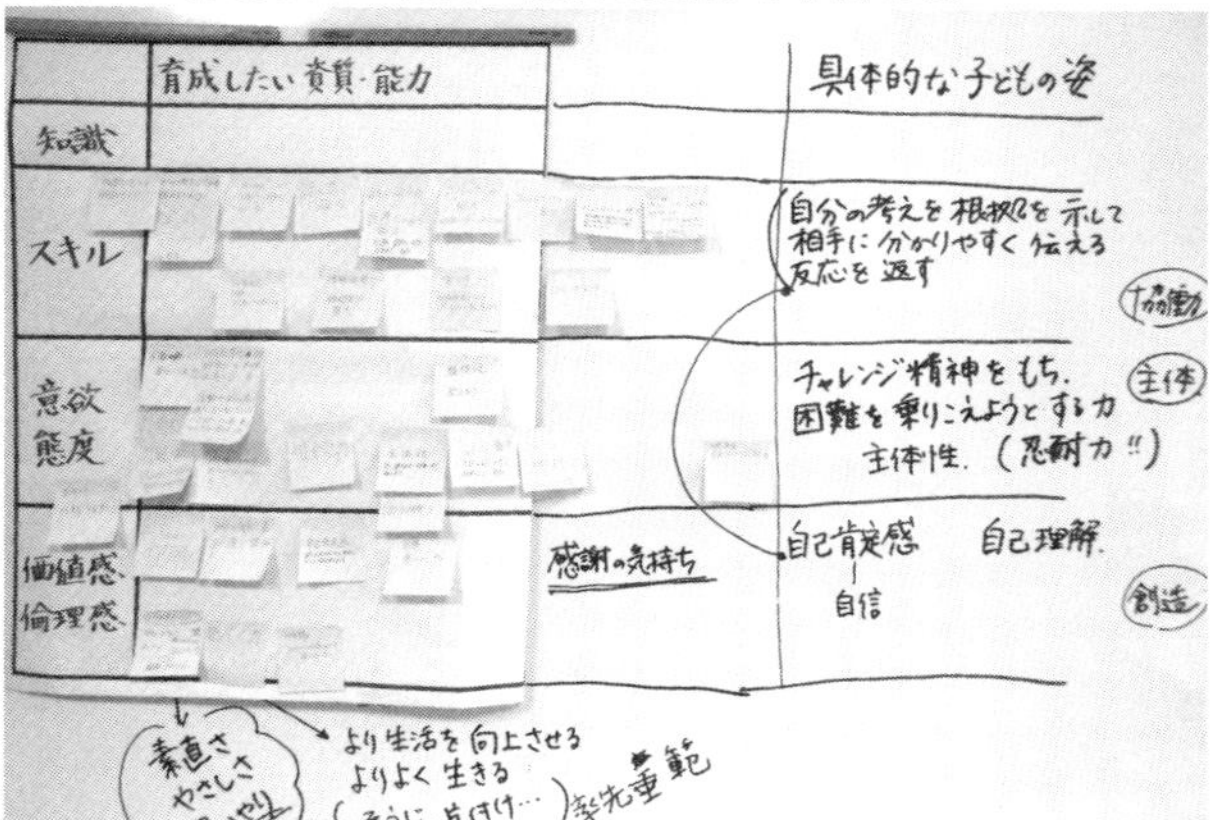

　最終的には、研究推進委員

会のメンバーで内容を調整しましたが、先生方と議論し合うプロセスを重視したことがよかったように思います。熟議を重ねてみんなでつくり上げたという意識が、授業改善へと向かおうとする先生方の意欲につながったからです。

「自分ごととして」「みんなで」取り組むというチーム美土里の研修スタイルの原点がここにあります。

平成28年度の後半になり、実践指定校の美土里中学校と二人三脚で研究を推進するようになると、小学校と中学校とで別々に設定していた「資質・能力と目指す子どもの姿」を統合しようという声があがりました。

本当の意味で**小中連携の充実を図るということは、義務教育9年間を通じた子どもの学びをデザインするということ**です。もし、小学校と中学校がそれぞれに掲げる資質・能力に一貫した系統性がなければ、中学校に入学した途端に子どもは混乱するはずです。場合によっては、小学校6年間で身につけた力は中学校では通用しない、といった誤ったメッセージを子どもたちに与えてしまうかもしれません。

この統合を図るという作業は、容易ではありませんでした。実際に比較してみると、小学校と中学校とで育成したい資質・能力に大きな差異があり、単純に合体すればよいものではなかったからです。

しかし、9年間を連続する学びにするため、小・中の研究推進メンバーが集まり、粘

資料３　小学校作成・活用「育成したい資質・能力と目指す子供の姿の系統性」（平成27、28年度）

		低学年	中学年	高学年
スキル	コミュニケーション能力	・相手の話を聞いて，自分の思いや考えを伝える。	・進んで話し合いに参加し自分の考えを相手に分かりやすく伝える。 ・相手の立場を考えて話を聞き，よいところを取り入れたり，違いを認めたりする。	・進んで話し合いに参加し，伝えたいことを根拠をもって伝える。 ・話し手の意図を考慮しながら聞き，目的に向かって話し合いを深める。
	知識・情報活用能力	・調べたいことを見つけ，最後まで調べる。 ・簡単な内容について調べ方の手法を知る。	・必要な情報を収集する。 ・メモや写真など集めた情報を比較したり関連づけたりして整理する。	・多様な方法で必要な情報を収集したり，分析したりする。 ・見通しをもって学習を進める。
意欲・態度	主体性	・あきらめずにやる気をもって取り組む。	・自ら課題に気づく。 ・課題解決のための方法を選択し，粘り強く取り組む。	・目標を設定し，課題の解決に向けて粘り強く行動する。
	協働性	・身近な人や自然とかかわりながら，協力して活動する。 ・他者とかかわり合うことを楽しむ。	・他者と進んでかかわり，協力して課題に取り組む。 ・他者とかかわり合うよさを実感する。	・異なる意見や他者の考えを受け入れる。 ・他者と協働して課題を解決する。
価値観・倫理観	自己肯定感	・自分の頑張りや友達のよいところを見つける。 ・「自分が好き」と感じ，自分に自信をもっている。	・新たな気づきや身についた力を意識し，自分や友達の成長，よさに気づく。	・学び合う楽しさや自己の成長に気づく喜びを大切にして自らの成長を実感する。
	よりよく生きようとする力	・体験活動などから学んだことを自分の生活に生かそうとする。 ・友達のいいところをまねする。	・学んだことを自分の生活と結びつけて考え，自分にできることを考える。	・自らの生活の在り方を見直し，自分の生活をよりよくしていこうとする。 ・学習を通して身についた力を学校・家庭・地域の中で生かし，計画・実行する。

り強く議論を重ねました。ときには折り合いをつけながら、まとめあげたのが資料４です。「学び合い」の授業をつくるには、児童・生徒にどのような力をつけたいのか、目の前の子どもの姿から「資質・能力」の具体を明らかにすることが欠かせないことを私たちは学びました。

小学校では、この資料をラミネートして携帯し、学習活動と照らし合わせながら資質・能力の発揮を促したり、見直しを行ったりしています。

の系統性」（平成29年度）

小学校５・６年生／中学校１年生	中学校２・３年生
別の知識や技能など	
進んで話合いに参加し、伝えたいことを根拠をもって分かりやすく表現することができる。 友達の考えや立場を理解しながら聴き、目的に向かって話合いを深めることができる。	相手のことを考え、根拠をもって自分の考えを分かりやすく説明することができる。 相手の思いや立場を尊重して受け止め、課題解決に向けて話合いを深めることができる。
問題や課題を見つけ、多様な方法で必要な情報を収集・選択したり、分析したりすることができる。 解決方法の見通しをもって学習を進めることができる。	課題解決の際、自ら求めて様々な資料を検索することで情報を収集し、必要な知識・情報を選択し、それを根拠として自分の考えや他者の考えを補強・修正することができる。
目指す目標の達成に向けて、課題解決のための方法を選択し、対象に対して積極的に働きかけたりしながら、計画的に粘り強く行動する。	困難な課題や初めての状況に直面した際、自分のこれまで学んできたことを活用したり、他者と協力したりすることで、あきらめることなく解決案を生み出したり、計画を見直したり、実践したりしようとする。
異なる意見や他者の考えを受け入れながら、目的に向かって協力して課題を解決する。 さらに分析したことから、自分の役割を理解し、互いに高め合いながら最後までやりきる。	課題解決に向けてグループ内での役割分担に進んでかかわり、協力し、助け合うとともに、互いの異なる考えを認め、また、合意形成を図ることで、目標達成を目指す。
学び合う楽しさに気づいたり、他者の成長に共感したりするとともに、自らの成長を実感する。 自分の長所や短所を理解し、自分らしさを発揮する。	自分の長所や短所を受け入れ、自らその改善と向上に向けて努力することを通して、自分自身に誇りをもち、他者の成長も認めることができる。
学習を通して身につけた力をもとに、自らの生活を見直すとともに、学校・家庭・地域の中で実践する。	広い視野をもち、他者の考えなども取り入れながら、様々な課題に対して、社会の一員としての望ましい判断・実践をする。

資料4　小・中学校の学びをつなぐ「育成したい資質・能力と目指す児童・生徒の姿

			小学校1・2年生	小学校3・4年生
生きて働く知識・技能の習得	知識	知識・技能		各教科等に関する個
未知の状況にも対応できる思考力・判断力・表現力等の育成	スキル	**①コミュニケーション能力（つながる力／対話する力）** 学習内容に関する他者との建設的な対話を通して、課題解決に向かうことができる力	楽しんで話合いに参加し、自分の思いや考えを表現することができる。 友達の考えを聴き、よいところを見つけることができる。	進んで話合いに参加し、自分の考えを相手に分かりやすく表現することができる。 友達の考えを聴き、よいところを取り入れたり、違いを認めたりすることができる。
		②知識・情報活用能力（知識や情報を生かす力） 様々な資料をもとに情報を収集・選択し、それを根拠として自分の意見や考えをもつことができる力	調べたいことを見つけ、最後まで調べることができる。 簡単な内容について調べ方の手法を知ることができる。	問題や課題を見つけ、必要な情報を収集することができる。 メモや写真など集めた情報を比較したり関連づけたりして整理することができる。
学びを人生や社会に生かそうとする学びに向かう力・人間性等の涵養	意欲・態度	**③挑戦力（前向きにチャレンジする力）** 課題の解決に向けて、自分の考えを大切にしながら粘り強く様々なことに挑戦しようとする力	具体的な活動や体験に対して、やる気をもって最後まで取り組む。	目指す目標をもち、課題解決のための方法を選択し、対象に対して自ら働きかけたりしながら、粘り強く取り組む。
		④協働性（協働する力） 異なる多様な他者との対話を繰り返し、自らの考えを構築しながら他者とともに納得解や最適解を創りだす力	他者と互いにかかわり合いながら活動する。 他者とかかわり合うことを楽しむ。	他者と進んでかかわり合いながら、協力して活動を進める。 他者とかかわり合うよさを実感する。
	価値観・倫理観	**⑤自己肯定感（自分を見つめる力／自分を信じる力）** 自己を見つめ、向上を図るとともに、自己や他者の成長を評価できる力	自分の頑張りや友達のよいところを見つける。 自分が好きなことや嫌なことが言える。	新たな気づきや身についた力を意識し、自分や友達の成長、よさに気づく。 自分の特徴に気づき、よいところを伸ばす。
		⑥よりよく生きようとする力（生活に生かす力） 視野を広げ、他者から学ぶことなどを通して、社会の一員としての判断・実践をする力	体験活動などから学んだことを自分の生活に取り入れようとする。	学んだことを、その後の学習や自分の生活と結びつけ、自分にできることを考える。

子どもの発達の段階と学びの段階にぴったり寄り添うものとなるよう、小・中学校で協議し、以下のようにまとめています。

【生きて働く知識・技能の習得（知識）】としての「知識・技能」
【未知の状況にも対応できる思考力・判断力・表現力等の育成（スキル）】としての「コミュニケーション力」「知識・情報活用能力」
【学びを人生や社会に生かそうとする学びに向かう力・人間性等の涵養（意欲・態度）（価値観・倫理観）】としての「挑戦力」「協働性」「自己肯定感」「よりよく生きようとする力」

資質・能力を育てる年間指導計画の策定

9年間を見通した「資質・能力」を計画的に育成するため、今度は各教科の授業に落とし込んでいく必要があります。ここでは、小学校4年生と中学校1年生の年間指導計画を紹介します（資料5、6）。

特に留意したことは、各教科で「資質・能力」を育んでいくというとき、「何をつなぐか」「どのようにつなぐか」です。その関係性を明らかにすることに腐心しました。具体的には、全教科・領域を俯瞰的に見て、「内容」として関連づけられるもの、「活動」として関連づけられるもの等を洗い出し、教科横断的な視点でカリキュラムをデザインしました。

それともうひとつ、計画（表）をつくったことで満足しないことです。どの単元でどんな「資質・能力」を育んでいくのかを意識しながら、定期的に修正・見直しを行い、教職員間で共有します。このように授業を改善するプロセスを可視化して、多くの目で課題に気づけるようにすることが大切だと思います。

「学び合い」の授業をつくるための具体的な取組

1　重点ポイントの策定

美土里小学校と美土里中学校では、「学び合い」の授業をつくっていくための重点ポイントを2点定めています。

1点目は「『課題設定』の際にどのような点に気をつければよいのか」、2点目は、「『学び合い』の授業をつくる際にはどういう点が大切なのか」です。この2点を意識しながら、授業の「学び合い」のめあてから振り返りまでの計画や単元計画を策定していきます。

【意欲・態度】③挑戦力　④協働性　【価値観・倫理観】⑤自己肯定感　⑥よりよく生きようとする力

10	11	12	1	2	3
学習発表会					卒業式・修了式
だれもが安心して笑顔でくらせる町にしよう！～「合い」の力でつながろう～（30）					1年間のまとめ（5）
情報の収集，課題の設定，情報の収集，整理・分析，まとめ・創造・表現，振り返り					整理・分析 振り返り
「だれもが安心して笑顔でくらせる町」にしていくために，地域の障害者福祉施設を訪問して交流しよう。自分たちの学びを発信しよう。					1年間の活動をまとめ，振り返ろう。
施設訪問や交流体験，聞き取り活動などを通して，障害のある方の暮らしの一端を知る。新聞や書籍などから，障害者福祉についての知識や情報を得る。					これまでの学びや単元で身につけた力について振り返り，地域や家庭の中で自分ができることについて目標をもっている。（⑥よりよく生きようとする力）
障害者福祉施設の方との交流や調べ学習等の活動を通して得た情報や考えたことを相手意識・目的意識をもって表現する。（①コミュニケーション能力　②知識・情報活用能力）					
だれもが安心して笑顔でくらせる町にするための活動を通して，地域や家庭の中での自分の生き方について目標をもっている。（⑥よりよく生きようとする力）					
読んで考えたことを話し合おう「ごんぎつね」①③	段落どうしの関係をとらえ，説明のしかたについて考えよう「アップとルーズで伝える」「『クラブ活動リーフレット』を作ろう」①②⑤	心に残ったことを感想文に書こう「プラタナスの木」①③ 文と文をつなぐ言葉②	詩を書こう「野原に集まれ」① きょうみをもったところを中心に，しょうかいしよう「ウナギのなぞを追って」②③⑤	大事なことを落とさずに聞こう「聞き取りメモの工夫」② 本で調べて，ほうこくする文章を書こう「わたしの研究レポート」②③	読んで感じたことが伝わるように，音読しよう「初雪のふる日」①③ 未来の自分に手紙を書こう「十年後のわたしへ」③⑤⑥
結び	漢字とかなの大きさ，配列	漢字どうしの大きさ	書き初め	四年生のまとめ	四年生のまとめ
らしを守る	地いきのはってんにつくした人々		わたしたちの住んでいる県		
ふせごう，交通事故や事件①③⑥	よみがえらせよう，われらの広村②④		わたしたちの県のようす②④⑤	県の人々のくらし②④⑤	人やものによるつながり②④
わり算の筆算(2)①② 計算のきまり②	面積のはかり方と表し方③④ 小数のしくみ②③	変わり方調べ②④	小数のかけ算とわり算③ どんな計算になるのかな④	分数 直方体と立方体①④	4年生のふくしゅう⑤ 算数おもしろ旅行⑤⑥
とじこめた空気や水①③④	ヒトの体のつくりと運動②③ 秋の生き物①③	ものの温度と体積①③④	冬の夜空③ 冬の生き物①③	もののあたたまり方①③④ 水のすがた①③④	水のゆくえ①③⑥ 生き物の1年間①②
たんけんに行こう⑤ 高跳び④	毎日の生活とけんこう⑥ ポートボール②④	マット運動③	とび箱運動③ 育ちゆく体とわたし⑥	多様な動きを作る運動①③	プレルボール②④
うを感じ取ろう③	せんりつの重なりを感じ取ろう③	いろいろな音のひびきを感じ取ろう③	日本の音楽に親しもう①③		曲の気分を感じ取ろう①③
トロトロカチコチワールド③ ギコギコ名人③	光のさしこむ絵③⑤	すみですみか④ 幸せを運ぶカード③⑤⑥	森のげいじゅつ家③	ゴムの力で①③	ほってすって見つけて③⑤ からだでかんしょう④
エルトゥールル号 コンビニエンスストアのど声忠左衛門 チャンプ，きみのことをわすれない	雪の一本道 公園のおじいさん 親切のつもりだったのに お祭り	発明家ベル 長すぎるそで 泣いた赤おに	お母さんのせいきゅう書 ゆずちゃん 黄金の魚	てのひらの中の勇気 ある日のスーパーで ひな祭り	うちゅう船ナミ号 さくらのさく日
交通安全について考えよう よりよい学習発表会に向けて	安全な避難の仕方 かむことと健康について	2学期の反省をしよう 冬休みの過ごし方	3学期のめあて・係を決めよう 校舎内での過ごし方	かぜの予防 6年生を送ろう	楽しい学校行事をしよう 4年生のまとめをしよう

資料５　平成30年度　小学校「資質・能力の育成に係る年間指導計画（第４学年）」

育てようとする資質・能力　【知識】【スキル】①コミュニケーション能力　②知識・情報活用能力

		4	5	6	7	9
月		4	5	6	7	9
行事		入学式	遠足・運動会	修学旅行	小中合同研究会	小中合同研究会
総合的な学習の時間	単元名	だれもが安心して笑顔でくらせる町にしよう！～お年寄りとともに 笑顔が広がる 心がつながる～（35）				
	学習過程	情報の収集，課題の設定，情報の収集，整理・分析，まとめ・創造・表現，振り返り，実行，振り返り				
	主な内容	地域のお年寄りの方はどんな生活を送っておられるんだろう。地域の方や福祉施設の方と交流し，体験や調査活動を通して，自分たちにできることを考えよう。				
	資質・能力　知識	施設訪問や交流体験，聞き取り活動などを通して，地域のお年寄りの方の暮らしの一端を知る。疑似体験や認知症についての学習を通して，お年寄りの方との接し方について知る。				
	資質・能力　スキル	地域の高齢者と積極的に関わるとともに，体験や調査等の活動を通して得た情報や考えたことを相手意識・目的意識をもって表現する。（①コミュニケーション能力　②知識・情報活用能力）				
	資質・能力　意欲・態度	地域の高齢者福祉に関心をもち，調べたい課題について積極的に探究活動に取り組むとともに，友達や地域の方と協力して課題を解決する。（③挑戦力　④協働性）				
	資質・能力　価値観・倫理観	交流体験や調査，まとめ等の活動を通して，自己の成長やよさを自覚するとともに，地域の中で役立つ自分自身を感じている。（⑤自己肯定感）				
育てようとする資質・能力と各教科との関連	国語	登場人物の人がらをとらえ，話し合おう「白いぼうし」①③ 話し合いのしかたについて考えよう「よりよい話し合いをしよう」①④	きょうみをもったところを発表しよう「大きな力を出す」「動いて，考えて，また動く」②④	調べたことを整理して書こう「新聞を作ろう」①②④ 場面の様子に着目して読み，しょうかいしよう「一つの花」③⑥	組み立てを考えて書こう「自分の考えをつたえるには」①③ 「読むこと」について考えよう①②	詩を楽しもう① 調べたことを整理し，発表しよう「だれもがかかわり合えるように」②④⑥
	（書写）	筆順と字形	筆順と字形	筆順と画の付き方	部分の組み立て方（左右）	部分の組み立て方（上下）
	社会	健康なくらしをささえる				安全なく
		地図を楽しもう②	ごみのしまつと活用①③⑥	命とくらしをささえる水①③⑥		なくそう，こわい火事①⑥
	算数	折れ線グラフと表②③ 角の大きさ③④	角の大きさ わり算の筆算⑴①②	垂直・平行と四角形②④	考える力をのばそう④ そろばん③	大きい数のしくみ②④ がい数の表し方②③
	理科	春の生き物①③	天気と一日の気温②③	電気のはたらき③④	夏の生き物①③ 夏の夜空③	月や星③
	家庭					
	体育	体ほぐしの運動⑤	レッツダンス④ かけっこ·リレー③④	多様な動きをつくる運動前半①③	うく・泳ぐ運動③	タグラグビー④⑤ 鉄棒運動③
	音楽	明るい声と歌声をひびかせよう③⑤		拍の流れにのってリズムを感じ取ろう④⑤		せんりつのとくちょ
	図画工作	絵の具でゆめもよう③⑤ 光とかげから生まれる形④	立ち上がれ！ねん土③⑤ まぼろしの花③	おもしろアイディアボックス①③ つつんだアート④	ゆめのまちへようこそ④⑤	わすれられないあの時①③
	道徳	おにぎりの味 雨のバス停留所 本当の思いやり	目覚まし時計 学校じまん集会 初めての田植え	争い 夢をいだいて 真夜中のこと	母さんの歌 土曜日の学校 このままにしていたら	神楽の里で ひとりぼっちのＹちゃん 消防少年団に入って 植物のマンション
	特別活動	クラス目標を決めよう １学期のめあて·係を決めよう	給食について考えよう 運動会について話し合おう	図書館の使い方を考えよう 雨の日の過ごし方	１学期の反省をしよう 夏休みの過ごし方	２学期のめあて·係を決めよう バランスよく食べよう

活用能力【意欲・態度】③挑戦力　④協働性【価値観・倫理観】⑤自己肯定感　⑥よりよく生きようとする力

10	11	12	1	2	3
	学習発表会		立春式		卒業式
自分の将来の姿を具体的にイメージしようⅠ 働くのに必要なことは何か？学習発表会 (12)		自分の将来の姿を具体的にイメージしようⅡ 立春式で自分の思いを語る (5)		故郷での体験活動を通して，地域のことを考えようⅢ 小中ふれあい英語活動 (8)	
課題の設定・情報の収集・整理分析・まとめ創造表現・実行・振り返り		課題の設定・情報の収集・整理分析・まとめ創造表現・振り返り ※立春式の本番（実行）は，学校行事扱い		課題の設定・情報の収集・整理分析・まとめ創造表現・実行・振り返り	
職場体験の想起・働くことの意義，大変さ，社会情勢，問題点は？ (1)⇒学習発表会発表内容の検討～働くことについての提言～ (2)⇒学習発表会の内容決定・準備 (8)⇒学習発表会振り返り (1)		大人になるとは？立春式の意味 (1)⇒思いの整理 (2)⇒練習 (1)⇒立春式⇒振り返り (1)		グループ担当学年決定・内容の決定 (1)⇒計画準備 (3)⇒リハーサル (1)⇒見直し (1)⇒本番 (1)⇒振り返り (2)	
技能など（何を理解しているか，何ができるか）					
②知識・情報活用能力…様々な資料をもとに情報収集・選択し，それを根拠として自分の意見や考えをもてる力					
る力　④協働性：協働する力…異なる多様な他者との対話を繰り返し、自らの考えを構築しながら納得解や最適解をつくりだす力					
⑥よりよく生きようとする力：生活に生かす力…視野を広げ，他者を学ぶことなどを通して、社会の一員としての判断・実践をする力					
手紙を書く①② 推敲して書く①② 随筆の読み取り①⑤ 古文の学習①⑥	意見文を書く①② 評論文の読み取り①⑤ 詩の鑑賞①⑥	漢詩を学ぶ①⑥ 用言の活用①	小説の読み取り①③ 表現を工夫して書く①②	付属語① 方言と共通語①⑥ 論説文の読み取り①②	送り仮名① 詩の鑑賞①⑥
行書に調和する仮名⑤	行書と仮名のまとめ	楷書と行書の使い分け⑤	様々な字形で詩や短歌を書く⑤	様々な書写の作品を鑑賞する⑥	まとめ
中国・四国地方③④ 九州地方②⑤ 近畿地方③④ 中部地方①⑤	関東地方③④ 東北地方②⑥	北海道地方②⑤ 身近な地域の調査②⑥	欧米の発展とアジアの植民地化① 近世から近代へ③④⑥	近代国家へのあゆみ②⑤ 立憲制国家の成立①⑤	日清・日露の戦争と東アジアの動き②③
図形の性質の調べ方①②③	図形の性質の調べ方①②③	三角形・四角形②③⑥	三角形・四角形②③⑥	確率①⑤⑥	確率①⑤⑥
動物のくらしやなかまと生物の変遷 ・感覚と運動のしくみ①② ・動物のなかま② ・生物の移り変わりと進化①②	電流の性質とその利用 ・電流の性質①②③④	電流の性質とその利用 ・電流の正体②③	電流の性質とその利用 ・電流と磁界②④ 地球の大気と天気の変化 ・空気中の水の変化①②	地球の大気と天気の変化 ・空気中の水の変化①② ・天気の変化と大気の動き②③④	地球の大気と天気の変化 ・大気の動きと日本の四季②④⑥
パートの役割や全体の響きを生かして，合わせて歌おう 「混声合唱」①④⑤	オペラの特徴を理解して，その音楽を味わおう 「鑑賞　アイーダ」②④	響きの美しさを楽しもう 器楽「ギター」①③⑤	歌詞や旋律が醸し出す雰囲気を味わいながら歌おう 「心の歌　荒城の月」②③ 日本の伝統音楽に親しみ，そのよさを味わおう「鑑賞」②③	和音の音を使って旋律を作ろう「創作」①③⑤ 日本の伝統音楽に親しみ，そのよさを味わおう 「鑑賞」②③	日本の郷土芸能や伝統音楽・世界の諸民族の音楽の特徴を理解して，その魅力を味わおう「鑑賞」①④
風景に思いを込めて(上)②③	祈りの形 手のデッサン(下)③	一点透視図法② 室内の描き方②	手で作る楽しみ(上)②③	社会の中で（下） ドリッピング，スパッタリング②③④	レタリング，ひらがな、カタカナ②③
器械体操（マット運動）②⑤ 武道（柔道）③⑤ 傷害の防止⑥	器械体操（マット運動）②⑤ 武道（柔道）③⑤ 傷害の防止⑥	球技（ネット型：バレーボール）①②④	球技（ネット型：バレーボール）①②④ 体育理論⑤⑥	ダンス（創作ダンス） 体育理論⑤⑥	球技（ゴール型:バスケットボール）②③ 球技（ネット型：卓球）②③
部品の加工①②③	部品の検査と修正③⑤ 組立て②	社会・環境とのかかわり②⑥ 材料と加工に関する技術とわたしたちの未来②⑤⑥	生活の中にある制御①②	処理の手順とプログラム③④	処理の手順とプログラム③④
日常食の調理③④ 肉の調理②③	魚の調理②③ 野菜の調理②③	地域の食材を生かす調理 よりよい食生活を目指して②③④⑥	消費者の自覚 販売方法と支払方法 商品の選択と購入②⑥	消費者トラブル 消費者の権利と責任 よりよい消費生活を目指す②⑥	環境に配慮した消費生活②④⑥
Daily Scene4 電話の会話 Unit5 Universal Design ①③	Daily Scene5 道案内 Unit6 Rakugo in English Daily Scene6 詩 ①③④	Presentation 2 町紹介②④⑤	Unit7 The Movie Dolphin Tale ①④	Unit7 The Movie Dolphin Tale Daily Scene7 買い物 ③④	Let's Read3 Cooking with the Sun ③④⑥
			Let's Read2 Try to Be the Only One ①②	Presentation3 好きなこと・もの①②	
「加山さんの願い」「アイツとセントバレンタインデー」「足袋の季節」	「樹齢七千年の杉」「リクエスト」「虎」「父の借金」	「あきらのくじ運」「最後の年越しそば」「校門を掘る子」「赤い音」	「輝かしい最後」「国」「国境線が鍛える共生の思考」「ネパールのビール」	「ひとりぼっち」「地下鉄で」「一冊のノート」	「軽いやさしさ」「動かない芯を求めて」
学習カウンセリング・歯磨き指導	学習カウンセリング・学級レクリエーション・花いっぱい活動に向けて	3年生からのメッセージ・選挙について・生徒会長を支えるとは・冬休みの生活	3学期の目標，班替え・ボランティアについて・PTCについて	PTCの実施・進路について	思春期の性的な発達・中学校生活について

資料６　平成30 年度　中学校「資質・能力の育成に係る年間指導計画（第１学年）」

育てようとする資質・能力　【知識】☆基礎学力の定着　【スキル】①コミュニケーション能力　②知識・情報

月		4	5	6	7	9
行事		入学式		職場体験学習		体育祭・修学旅行
総合的な学習の時間	単元名		故郷での体験活動を通して，地域のことを考えよう I 職場体験学習 (42)		故郷の人と触れ合い，地域のことを知ろう I 地域クリーン作戦に向けて(3)	
	学習過程		課題の設定・情報の収集・整理分析・まとめ創造表現・実行・振り返り		課題の設定・整理分析・実行 ※クリーン作戦・振り返り等は夏休み実施の為学校行事扱い	
	主な内容		故郷で働くとは？(2)⇒マナー講座(2)⇒事前打ち合わせ(2)⇒職場体験実習 (30)⇒礼状作成(1)⇒職場体験新聞でまとめ作成(4)⇒振り返り(1)		地域への思い(1)⇒全体計画確認(1)⇒打合せ会実施(1)	
	資質・能力 知識	☆知識・技能：各教科等に関する個別の知識や				
	資質・能力 スキル	①コミュニケーション力：つながる力／対話する力…学習内容に関する他者との建設的な対話を通して，課題解決に向かえる力				
	資質・能力 意欲・態度	③挑戦力：前向きにチャレンジする力…課題解決に向けて，自分の考えを大切にしながら粘り強く様々なことに挑戦しようとす				
	資質・能力 価値観・倫理観	⑤自己肯定感：自分を見つめる力／自分を信じる力…自己を見つめ，向上を図るとともに，自己や他者の成長を評価できる力				
育てようとする資質・能力と各教科との関連	国語	詩の読み取り① 小説の読み取り① 古文の学習①⑥	説明文の読み取り①② 類義語・対義語・多義語① 説明文の読み取り①② 要点を整理して聞く⑤	情報コラムを読む①⑤ 短歌を味わう①⑥ 熟語の構成① 随筆を読み取る①⑤	単語の分類① 「伝わる」表現を考える①② 読書に親しむ⑥	小説の読み取り①③ 論説文の読み取り①② 敬語① 同じ訓・同じ音の漢字①
	（書写）	点画の省略①	筆順の変化①	行書の練習①	行書の練習２①	行書と仮名の調和⑤
	社会	世界から見た日本の姿①	世界から見た日本の自然環境① 世界から見た日本の人口②④	世界から見た日本の資源・エネルギーと産業①④ 世界と日本の結びつき②④	中世から近世へ⑤⑥ 江戸時代の成立と東アジア②④ 産業の発達と元禄文化①	幕府政治の改革と農村の変化①③ 中国・四国地方③④
	数学	式の計算①②⑥	式の計算①②⑥ 連立方程式①②④	連立方程式①②④	連立方程式①②④ １次関数②③④	１次関数②③④
	理科	化学変化と原子・分子・物質の成り立ち①②④	化学変化と原子・分子 ・物質を表す記号② ・さまざまな化学変化①②	化学変化と原子・分子 ・さまざまな化学変化①② ・化学変化と物質の質量②③④	動物のくらしやなかまと生物の変遷 ・生物の体と細胞①②	動物のくらしやなかまと生物の変遷 ・生命を維持するはたらき①②④ ・感覚と運動のしくみ①②
	音楽	歌詞や曲想から，表現を工夫して歌おう①④	音楽の要素と曲想との関わりに気を付けて聴こう「鑑賞　フーガト短調」②④	情景を思い浮かべながら言葉を大切にして歌おう「心の歌　夏の思い出」①④	曲の構成を理解して，曲想の変化を味わおう「鑑賞　交響曲第５番」②③	パートの役割や全体の響きを生かして，合わせて歌おう「混声合唱」①④⑤
	美術	オリエンテーション：教科書解説・転がる水②③	「伝える」を作るイラストレーション（上）②③	だまされる楽しさ(下)②③④平面構成・アイデア・平面構成・色塗り②	だまされる楽しさ(下)②③④平面構成・アイデア・平面構成・色塗り②	装いを楽しむ(上)②③⑥
	保健体育	集団行動，体つくり運動①③ 体育理論⑥	陸上競技(短距離走・長距離走・走り幅跳び・リレー)②④ 健康と環境②⑥	陸上競技(短距離走・長距離走・走り幅跳び・リレー)②④ 健康と環境②⑥	球技（ベースボール型：ソフトボール)①④ 水泳②③	球技（ベースボール型：ソフトボール)④ 環境と健康⑥
	技術	製品の工夫と技術の進歩 ものづくりの進め方①②	さまざまな材料② 材料と環境とのかかわり⑥	機能・構造を考える③④ 接合方法と仕上げ方法・製図	部品表と工程表①② けがき	部品の加工①②③
	家庭	食事の役割 食生活の課題	栄養素の種類と役割 中学生に必要な栄養	食品に含まれる栄養素② 食事の量とバランス②③	生鮮食品と加工食品②	食品の選択と購入②⑥ 食品の保存と食中毒②
	英語	Unit0 My Spring Vacation ①② Unit1 A friend in a sister ①⑥	Daily Scene1 日記 Unit2 A Trip to the U.K Daily Scene2 ていねいにお願い ①④③	Unit3 Career Day Daily Scene3 メール①③	Presentation1 将来の夢③⑤	Let's Read1 ①③ The Carpenter's Gift Unit4 Homestay in the United States ②③④
	道徳	「小さなこと」「明かりの下の燭台」「迷惑とは何ぞ」	「おまえのカワウソが淋しがっているぞ」「タッチアウト」「律子と敏子」「ロスタイムの続き」	「命の重さ」「「一番乗り」のたけいち」「アップルロード作戦」	「先生にビールやっておくれ」「人間であることの美しさ」	「試行錯誤はまだまだ続く」「路上に散った正義感」「ありガトウヨ」
	特別活動	１学期の個人目標・学年目標の決定・班の決定・食生活を考える	学習カウンセリング・学年目標掲示物	生徒総会に向けて・基礎基本状況調査・クリーン大作戦に向けて	働くことの意義・体育祭に向けて・修学旅行に向けて・ビン缶回収について・夏休みの生活	体育祭の種目について・定期テストに向けての計画・三点固定について

◇課題設定の工夫

・自分ごとの学び
・学ぶ必然性
・子どもと教師の学びは相似形
・子どもとイメージを共有する
・わくわく感を共有する
・末広がりの単元計画

◇学びを深める「学び合い」の充実

・ファシリテーターの動きの確認
・カフェ的な学び
・書き言葉より話し言葉
・ホワイトボードは作業台

2　小・中学校それぞれの取組

【小学校編】

(1)　資質・能力の育成を実効性あるものにする（キーワードは「共有」）

「子どもたちが本来有している資質・能力は、繰り返し発揮するなかで高まっていく」

こうしたとらえのもとに、私たち教師が実現したい子どもの姿を引き出すための手立てを考えました。それが、仮設定した「資質・能力」を実効性あるものにしてくれるのだと思います。

①発揮させる場面の明確化

単元プランや授業案に、子どもたちが自分や友達と感じ考えたことを発現する具体の場面を明確に設定することにしました。

具体的には、次の案配です。

「新しい発問を試みるこの場面で、じっくり考えられるようにしよう」

「ある程度自分なりの考えが浮かんでくるであろうこの場面で、子ども同士が自分の意見を口にしたり友達の意見を聴くようにしよう」

「単元の途中段階だが、いったん子どもたちの考えを整理するこの場面で、子ども一人一人の考えを発表させよう」

「じっくり考えさせる」「自分の考えを発表する」といった教育活動自体はこれまでにも行ってきましたが、どのような場面でそうするのかを明らかにするのは新しい試みでした。

その目的はひとつ。**子ども一人一人の学習状況が現在どのような段階にあるのか、その学びの状況を見取る**ためです。

そこで、単元計画や指導案には「発揮させたい資質・能力」と「発揮した子どもの姿」を明記し、本時の展開案では発揮させたい子どもの姿を引き出す手立てを明記するようにしています。

資料7　資質・能力を発揮した姿―3ステップ（6年生の場合）

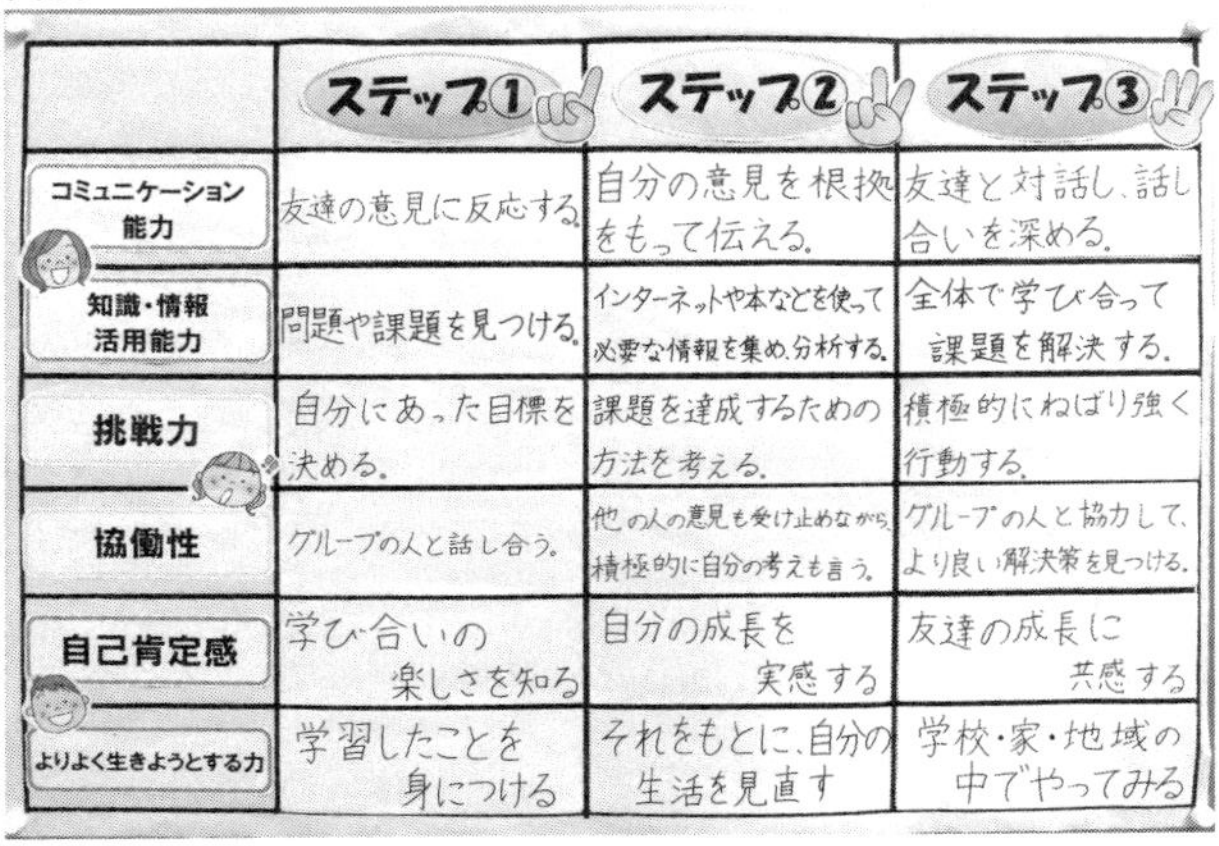

	ステップ①	ステップ②	ステップ③
コミュニケーション能力	友達の意見に反応する。	自分の意見を根拠をもって伝える。	友達と対話し、話し合いを深める。
知識・情報活用能力	問題や課題を見つける。	インターネットや本などを使って必要な情報を集め、分析する。	全体で学び合って課題を解決する。
挑戦力	自分にあった目標を決める。	課題を達成するための方法を考える。	積極的にねばり強く行動する。
協働性	グループの人と話し合う。	他の人の意見も受け止めながら、積極的に自分の考えも言う。	グループの人と協力して、より良い解決策を見つける。
自己肯定感	学び合いの楽しさを知る	自分の成長を実感する	友達の成長に共感する
よりよく生きようとする力	学習したことを身につける	それをもとに、自分の生活を見直す	学校・家・地域の中でやってみる

②子ども自身がつくる「自分たちが目指す学びの姿」

「育成したい資質・能力は子どもの姿でとらえる」「その姿を指導者と『共有する』」という意識を重視しています。子どもたち自身が「資質・能力を発揮した姿」を目指す学習活動です。

学期や単元の節目節目、子どもたちは自分たちが考えた姿と実際の自分の姿を重ね合わせます。単に「できた」「いや、できなかった」ということではなく、**子ども自身が自分の目指す姿を意識し、現状との比較を通して自覚を深めながら次の学びに向かっていく道しるべ**です（資料7）。まさに子どもが自らの「資質・能力」を高めていく営みだといえるでしょう。

資料8　総合的な学習の時間の事例

児童にとって楽しい活動を継続していく上での疑問や困難に気づかせ、その課題の解決を目指した単元	地域の課題を見いだし、その課題の解決を目指した単元
3年　トンボの未来を守る ～美土里ビオトープ大作戦～	**6年　伝統芸能から学ぼう ～安芸高田神楽応援プロジェクト～**
地域の自然に興味をもって体験活動に取り組んでいる3年生は、地域の方の話を通して「ハッチョウトンボ」と出会う。ヤゴやトンボを材とした探究活動に取り組む中で、トンボの生息環境の維持に目を向けていく。	安芸高田市内の小学生を中心にアンケートを取り、認知度にズレがあることを発見した子供たち。もっと美土里の神楽を広めたいという実社会へのアプローチによって強い活動意欲を引き出すことにつながった。

(2) 学び応えのある課題の設定（キーワードは「自分ごと」）

単元レベルで課題を設定する際は、まず、「教科の指導事項」と「発揮させたい資質・能力」を明確にします。その際、設定した課題が子どもにとって「自分ごと」として考えられるものかを吟味します。

課題がいったん「自分ごと」となれば、子どもは心に火がついたように学習にのめりこみます（資料8）。私たちの目指す「主体性」の正体がこの「自分ごと」であり、そうであるからこそ学習活動が発展的になるのだと思います。**子どもにとって魅力的な課題設定は、単元計画の要《かなめ》**といって差し支えないでしょう。

(3) 協働的な思考の場（学び合い）の充実（キーワードは「つなぐ」「つながる」）

実践を積み上げていくうちに、「自然体の学び」の重要性が浮かび上がってきました。それは、これまで学習規律を重視してきた私たちにとって、思いもよらない学びの姿でした。

「指導者主導ではなく、学習者基点の学び」に着目することは、「学びの変革」においてもキーワードのひとつでした。

「基点」という言葉を辞書で引くと「距離などを測定する際の基準とする一点」と書かれています。これを学びに置き換えるなら、どういうことがいえるのか。学習者側のいったい何を判断基準とするのかが明確でなければ、具体の授業改善に向かっていきません。それが何なのかイメージできなかった私たちにとって、「学習者が自然体であること」こそ、学習者の基点ととらえるべきなのではないかと思えたのです。

「何でもまずはやってみる！チャレンジしてみる！」を信条にすると決めていた私たちは、それならばいっ

資料９　“学びをつなぐ”指導者のファシリテーターとしての役割

聴く

児童の発言が「何を根拠に表現したものか」「他の子のどの発言とつながっているのか」「その子自身のこれまでのどの考えとつながっているのか」を聴く。

つなぐ

「それはどこでそう思った？」「どうしてそう考えたの？」「他の人はどう？」など根拠や理由を尋ねたり、他者につないだりする。

もどす

教科書やテキスト既習の知識や基礎的事項に戻したり、児童に戻したりして考えさせる。

そ教室をカフェに喩えたらいいのではないかと考えるようになりました。石井先生の論点のひとつ「カフェ的な学び」の適用です。それが子どもの自然体を引き出すのではないか…と。

その学びを深めるために、指導者は子ども同士のかかわりを促したり、テキストに返したり、再考を促したりする、すなわち「学びをつなぐ」ためのファシリテーターとしての役割を果たすことを共通認識とすることにしました（資料9）。

【中学校編】

研究指定を受ける前までの私たちが重視してきた「授業観」は、およそ次の3点です。

●生徒は教師の指示に従いながら、落ち着いた環境のなかで学習に打ち込めるようにする。
↓そのためには生徒指導を充実し、教師の指示に従って行動できる生徒にする。

●可能な限り多くの知識の暗記と計算の正確さを重視する。
↓中学校教育におけるゴールは、（進学にせよ、就職にせよ）よりよい進路を選択できるようにすること。そのためには、知識量と正確な計算が欠かせない。

●教えることが上手い教師の存在が、いい授業の最大要件である。
↓自ら学びを深めていける生徒はごく一部。そこで、教えるべきことをしっかり教え込める指導の熟達者となることが重要である。

それが、「学びの変革」への研究を進めることになった途端、これらの授業観が通用しなくなります。私たち中学校教師にとって一番キツかったのが、この授業観の転換でした。

子どもを信じて任せる、子どもたち自身が考えられるようにする、そのために授業者は不用意な介入を避ける、こうした授業が「できる」「できない」という以前に、脊髄反射的な拒否意識もありました。それほどまでに、授業観の転換は、中学校教師にストレスとプレッシャーを与えるものだったのです。

そしてこれは、意識面だけではありません。制度面でのむずかしさもあります。小学校であれば学級担任制ですから、教師間で授業観の共通理解を図ることができれば、（専科を除いて）どの教科等であっても、その後は自分の授業で実践していくことになります。

しかし、中学校は教科担任制です。1人の教師が受けもてる教科は（道徳科等を除き）ひとつだけです。そうである以上、授業観の共通認識に加えて、自分の専門教科以外の教師との教科間での共通認識を図る必要性に迫られます。これが中学校ならではのむずかしさです。

いずれにしても、中学校において「学び合い」の授業イメージを、授業者自身がしっかりもてるようにすることが先決でした。

そこで、ここでは、中学校教師がどのように取り組んできたのかを紹介したいと思います。その中心に据えたのが、次の3つのキーワードです。

●設定した課題とつなぐ。
●学び合いを共有する。
●教科担任制を越える。

(1) 課題設定のキーワードは、「つなぐ」

「授業において生徒に課題と向き合わせるにはどうすればよいか」「そもそも、生徒が向き合いたいと思える課題をどのように設定すればよいか」が、私たちの課題でした。この課題解決のために設定したキーワードが「つなぐ」です。この「つなぐ」には、次の3つの切り口があります。

①生徒とつなぐ

「生徒とつなぐ」とは、生徒の学習状況と課題の中身をつなぐ、ということです。学習が生徒にとっての「自分ごと」になるためには、生徒の実態を踏まえた課題である必要があります。

そのために、「この単元でつけたい資質・能力は何か」をベースに据えます。そのうえで、生徒の興味・関心、学ぶ必然性が感じられる内容となるように意識します。

②教材とつなぐ

次に、「教材とつなぐ」ことを意識します。どんなにおもしろそうな学習内容でも、学習指導要領に定める規定から逸脱するわけにはいきません。

そこで、課題の特性をよく吟味し、使用する教材が各教科等で定める目標・内容とどのように合致するのかを明確にします。この関係がきちんとつながっていれば、課題設定は計画的となり、発展的・総合的な学習にチャレンジできる下地となります。

③社会とつなぐ

最後が「社会とつなぐ」です。教材や課題が、教科の学習にとどまらず、実生活につながるもの、地域や学校の実態を踏まえた内容になることを意識します。それにより、「なんのために学ぶのか」という学ぶ必然性につながります。

また、このように学びの裾野を広げることで、社会と連動させた（内外リソースを活用した）大きな学習活動を仕組むこともできます。それはまさに、「自分ごとの学び」であり、「末広がりの単元づくり」に向かうものと考えます。

(2) 学び合いのキーワードは、「共有する」

授業改善への道筋となるのが「学び合い」の充実です。そのためのキーワードとして、「共有する」ことを意識しながら研究を進めています。

①教員同士で「共有する」

大前提として、教員同士が「学び合い」の授業イメージを「共有する」必要があります。それがないと、お互いの授業をどれだけ見合っても、その善し悪しを判断することができません。そこで、美土里小学校をはじめとした「学び合い」のある授業をたくさん参観しました。

自分たちが見た子どもの姿を通して、教職員間で語り合い、「中学校の特質に応じた形でどう実現するか」を考えながら、少しずつお互いの授業イメージの共有化を図りました。そのうえで、実際に授業を進める際の授業者の基本の動きを確認し、授業を参観する際の見るポイントを設定しました。

具体的には、以下のとおりです。

- 授業者は、教え込む存在ではなく、生徒の意見を「聴き」「つなぎ」「また子どもにもどす」という、いわゆる、「ファシリテーター」としての役割を重視する。
- 導入段階では、生徒を一気に授業に引き込む工夫をする。

●教科や授業場面に応じて効果的な机の配置を工夫する。班隊形だけでなく、中学校でもコの字型を活用することも検討する。
●相手の心にひびく「やさしい話し方」、相手を理解する「あたたかな聴き方」を意識する。

②ツールで共有する

子ども同士の「学び合い」の充実のために、ツールの有効活用についても検討しました。

〈ホワイトボードの活用〉

意見交流したことやそのときの疑問点などを材料に、自分たちの考えを深めるには書くことが欠かせません。しかし、ノートやワークシートでは、なかなか書けない生徒もいます。このようなときに有用なのがホワイトボードです（Action-02でも紹介）。加えて、お互いの意見の共通点や相違点が明らかになり、思考が整理されるという利点があります。

このとき、グループで話し合ったことを発表するためのツールにしないことが肝要です。それでは、ホワイトボード活用の効果は半減します。

私たちの実践においてホワイトボードは、子どもたちの考えを列記するメモ帳であり、「学びを深めるための作業台」なのです（資料10）。

〈ICT機器の活用〉

ICT機器の活用も重要です。課題を視覚化したり、明確化したりすることができます。さらに、資料提示などにも使え、様々な情報を共有することができます。

資料10　ホワイトボード活用の様子（中学校社会）

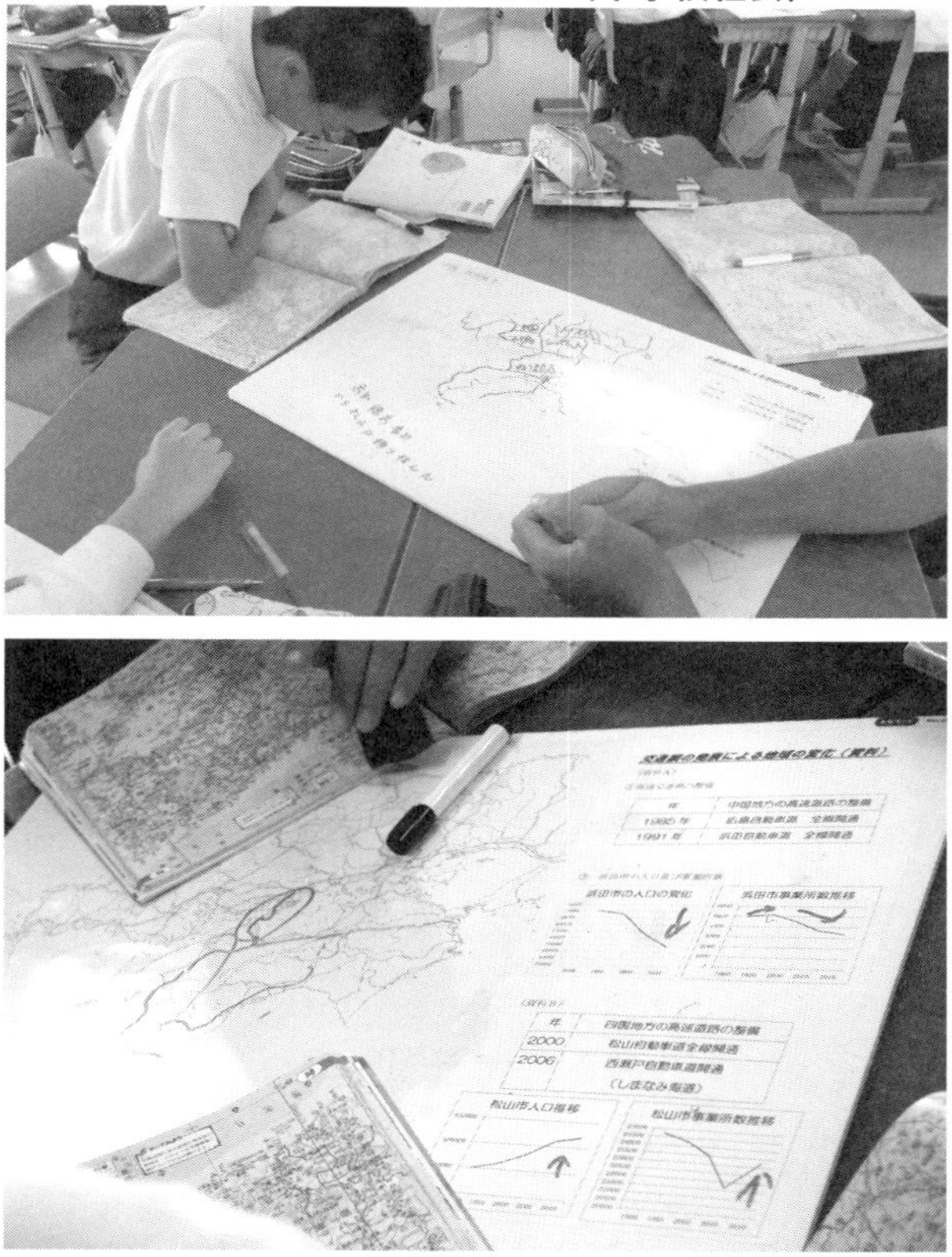

③生徒と共有する

指導者はもとより、生徒自身が授業イメージをもつことがとても大切です。「これから私たちはどのような授業をつくっていくのか」「私たちがつくる授業では、どのようなことが大切とされているのか」を共有するのです。この

資料11　教職員による学び合い劇の様子

授業イメージの共有化は、生徒の学習の見通しにつながります。加えて、何が大切なのか、どこを目指しているのかを知ることは、安心感にもつながります。

〈「学び合い」授業の劇化〉

　ある日の全校朝会のことです。私たち教職員は、生徒に扮して劇を行いました（資料11）。「学び合い」の実際の姿を見せることで、「私たちは、どのような力をどのようにつけていくのか」そのイメージを生徒と共有するためでした。

　子どもたちは、真剣な表情で、ときには笑いあり、私たちの劇を見てくれていました。このことが、授業をつくるとはどういうことか、その意義を伝え、期待感をもたせることにつながったように思います。

〈生徒への日常的な掲示〉

「どのような授業にしたいのか」生徒自身の

思いや願いを醸成することが、「学び合い」の授業を実現するうえで大切です。それには日常的で継続的な取組が必要です。そこで、生徒版「資質・能力」の系統表や授業の姿を玄関などに掲示し、日常的に周知するようにしています。

(3) 教科担任制をメリットに変えるキーワードは、「越える」

小学校との大きな違いは、中学校は教科担任制であることです。このことは、（もちろんよい面がある一方で）授業改善を組織的で協働的にする場合にはネックになることがあります。制度上、教科を横断するうえで教職員間の連携がとりにくいのです。この点をどうやって乗り越えていくのかが私たちの課題でした。

①校種を越える

まずは、小学校と中学校の校種の違いを「越える」ことです。美土里小学校との小中連携を推進するうえで、特に重視したのが、小中合同の授業研究でした。

美土里町では、小中の校種を越えて、お互いに授業を見合い、意見を述べ合う機会を多く設定しています。また、小中合同の研修会も行います。さらに研究授業の前には合同の模擬授業を行い、様々な角度から意見を交流します。

②教科を越える

さらに、教科担任制の壁を「越える」ことを大切にしています。そのためには、自分の授業を見られることへの抵抗感をなくすことからはじめなければなりません。そこで、

資料12　「授業見合おうDAY」の様子

私たちが取り組んだのが、自分の専門教科にかかわらず授業をもち回りで見合う「授業見合おうＤＡＹ」**（資料12）**でした（毎週金曜日に実施）。

「授業見合おうＤＡＹ」後には、授業記録をもとにして授業参観者が授業観察シート**（資料13）**に記入し、お互いの授業について意見を交わします。自分の専門とする教科と異なれば、（その教科の専門性を意識するあまり）なかなか思ったことを口にすることが憚られるものですが、そこを乗り越えて意見を言えるようにすることが重要です。その鍵を握るのが、生徒の姿から授業を語ることです。

授業の得手・不得手を語り合うのではなく、学ぶ主体として「生徒はどうだったか」という視点から意見を出すことを重視したことが、議論を活性化させました。次第に遠慮なくどんどん授業を見に行くことが習慣化していったのです。後に、この試みの継続が、（小学校と同様に）授業や生徒について語り合う職員室の風景を生み出します。

③個で越える

授業改善に向かっては、いかに教職員が組織的に取り組むことが大切だとはいえ、最終的には、一人一人の教師が「今の自分を越えて、個として成長していく」ことが必要です。その後押しをするために考えたのが「授業改善手帳」（資料14）です。自分の授業課題、学校として意識してほしい取組を自覚するために作成したツールで、授業の改善ポイントを毎週設定し、しっかり確認しながら、自分の日々の授業を振り返っています。

資料13　授業観察シート

「やさしい話し方」「あたたかい聴き方」
「つなぐ」「もどす」「聴く」

授業観察シート

日時	6月2日	学年・学級	3年	教科名	数学
授業者		記入者			

心がけること	チェック内容	○・×	どの場面で，そう判断したのか。
立ち位置を常に意識しよう	机間指導をしている。	○	生徒の解答状況を観察し，全体での答え合わせで生かしていた。
	発表の時，いつも黒板の前で聞くことはない。	○	発表する生徒の近くで支援するなどしていた。
指導者しゃべり過ぎないようにしよう	生徒の活動（作業）時間が30分以上ある。	△	問題演習をして，その答え合わせ（解説）であった。
肯定的な評価を浴びせよう	生徒への肯定的な評価を5回以上している。	△	平方根の大小を比較するとき，正方形の面積で考えるという既習に振り返る評価をしていた。
時間配分を考え，振り返りまで入れよう	50分で授業が展開されており，振り返りの場面がある	×	振り返る（生徒自身が）時間はなかった。
「学び合い」の場をつくろう	生徒⇔先生ではなく，生徒⇔生徒の場面がある。	○	単なる答え合わせではなく周りに聞き返すなどしていた。

「学びの変革」評価指標	○・×	どの場面で，そう判断したのか。
課題について予想させる場面があった。	△	問題を解くことは予想？
学習内容を図やグラフにまとめた。	×	解法をもっとメモさせたりできるとよいと思った。
自分の考えを他者に伝える場面があった。	○	答えを発表する
複数の情報をあつかう場面があった。	○	図などを使う。
考えや理由を明らかにして，分かりやすく伝える場面があった。	○	答えの根拠を尋ねていた。
「どこまで分かっているか」などを振り返る場面があった。	△	テストの丸つけでは把握した。
振り返りの場面で，新たな疑問など「もっとこうしてみたい」と考える場面があった。	×	月曜日の授業では意識させていたが意欲をもたせるまではできなかった

授業を見ての感想	今回の様な問題だったらフラッシュカードでどんどん答えさせてもよいと思いました

資料14　授業改善手帳

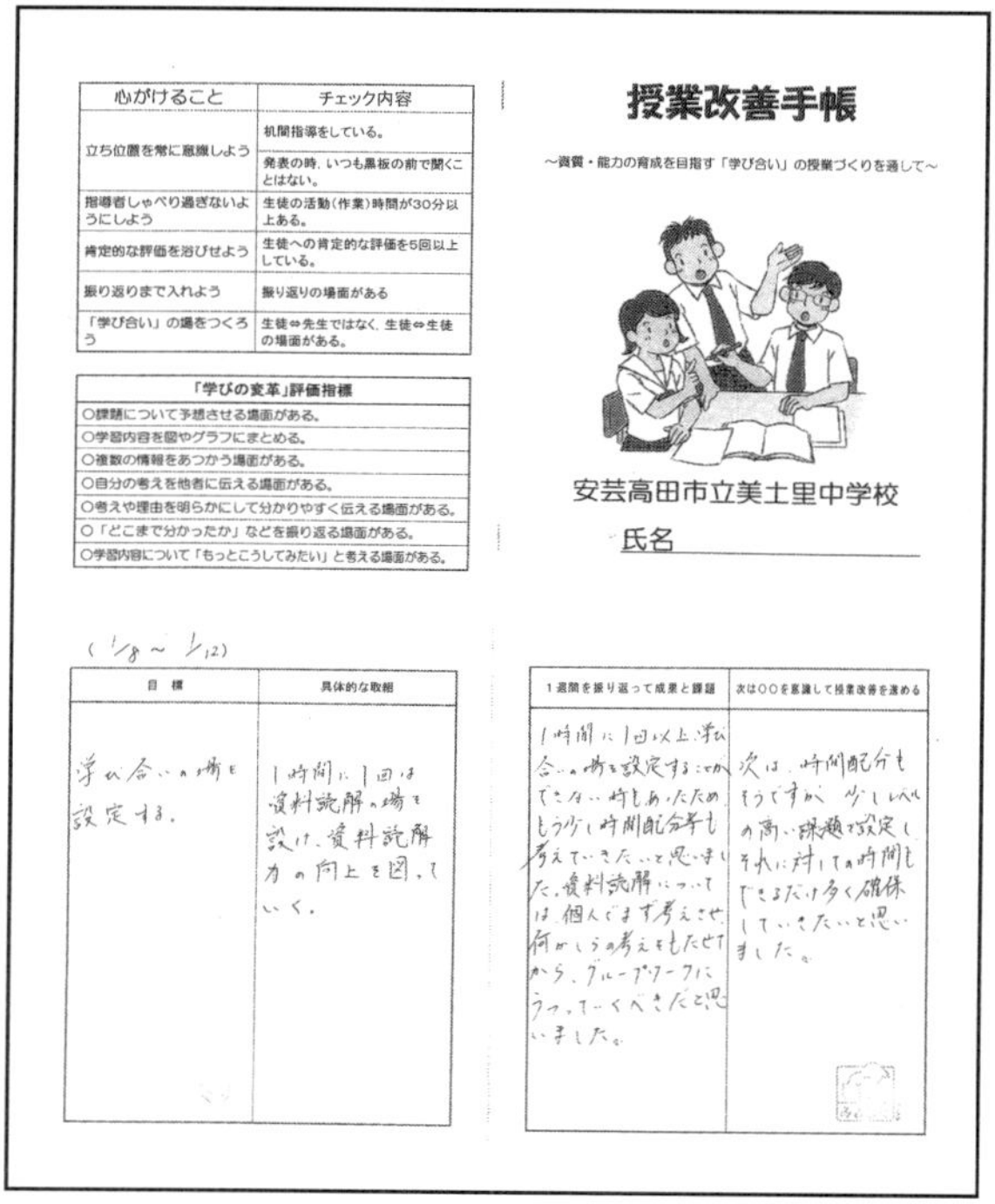

心がけること	チェック内容
立ち位置を常に意識しよう	机間指導をしている。
	発表の時、いつも黒板の前で聞くことはない。
指導者しゃべり過ぎないようにしよう	生徒の活動（作業）時間が30分以上ある。
肯定的な評価を浴びせよう	生徒への肯定的な評価を5回以上している。
振り返りまで入れよう	振り返りの場面がある
「学び合い」の場をつくろう	生徒⇔先生ではなく、生徒⇔生徒の場面がある。

「学びの変革」評価指標
○課題について予想させる場面がある。
○学習内容を図やグラフにまとめる。
○複数の情報をあつかう場面がある。
○自分の考えを他者に伝える場面がある。
○考えや理由を明らかにして分かりやすく伝える場面がある。
○「どこまで分かったか」などを振り返る場面がある。
○学習内容について「もっとこうしてみたい」と考える場面がある。

授業改善手帳

～資質・能力の育成を目指す「学び合い」の授業づくりを通して～

安芸高田市立美土里中学校

氏名

（1/8～1/12）

目　標	具体的な取組
学び合いの場を設定する。	1時間に1回は資料読解の場を設け、資料読解力の向上を図っていく。

1週間を振り返って成果と課題	次は○○を意識して授業改善を進める
1時間に1回以上学び合いの場を設定することができない時もあったため、もう少し時間配分等も考えていきたいと思いました。資料読解については、個人でまず考えさせ、何かしらの考えをもたせてから、グループワークにうつっていくべきだと思いました。	次は、時間配分もそうですが、少しレベルの高い課題を設定し、それに対しての時間もできるだけ多く確保していきたいと思いました。

　また、この「授業改善手帳」を「授業見合おうＤＡＹ」と連動させ、「授業見合おうＤＡＹ」で出た課題を「授業改善手帳」の授業改善のポイントにしたり、「授業改善手帳」で気づいた課題を「授業見合おうＤＡＹ」で修正したりする取組も行っています。

3　小中を連携させた取組

　ほかにも以下の取組を行っています。

(1)　小中合同模擬授業

　小中合同で研究授業を行う学校は増えてきていると思いますが、美土里小・中学校では、さらに、小・中学校合同での模擬授業を行っています（Action-03でも紹介）。これは、子どもたちを前にした本番の研究授業前に行う、教職員を前にした事前の授業です。

この効果は、計り知れないものがあります。

従来型の研究協議では、自分が見た授業をもとに意見を述べ合います。事前に授業案に目を通しますが、指導の優先順位や本当の意図があいまいなまま、授業を参観することも少なくありません。しかし、それでは印象でしか語れなくなります。これまでの経験則や主観に頼らざるを得ないからです。

このことが引っかかっていました。そこで、実施したのが模擬授業です。これは、本番の授業を見る前に授業者の指導意図を理解することに役立っています。その結果、研究協議での議論も、それまでにはなかった深まりが見られるようになりました。

「授業者が本当に成し遂げたいことは何か」

「それが伝わってくる模擬授業となっているか。どのような課題があるか」

「それを踏まえて本番の授業ではどうだったか」

このような段階を経て、授業を参観することができるので、議論が空中戦にならずに済みます。また、小・中学校での授業イメージの擦り合わせも期待することができます。

(2) 研究協議のもち方

研究協議のもち方についても、議論し合う視点を大きく変更しました。「指導者の授業はどうであったか?」という視点から、「子どもの学びはどうであったか」という視点にシフトしたのです。
その結果、「指導者のかかわりが、生徒の学びにどうつながっていったのか」が明解になるような協議に変わっていきました。私たちが重視しているのは、あくまでも「生徒の学びの変容」です。その考え方に立脚して発言するためには、子どもの学習状況の見取りが重要です。こうした事実に基づいた協議を目指しています。

小学校教諭（研究主任）末永 裕子
中学校教諭（研究主任）福原 栄治

Action 05

小中連携
カリキュラム・
マネジメント

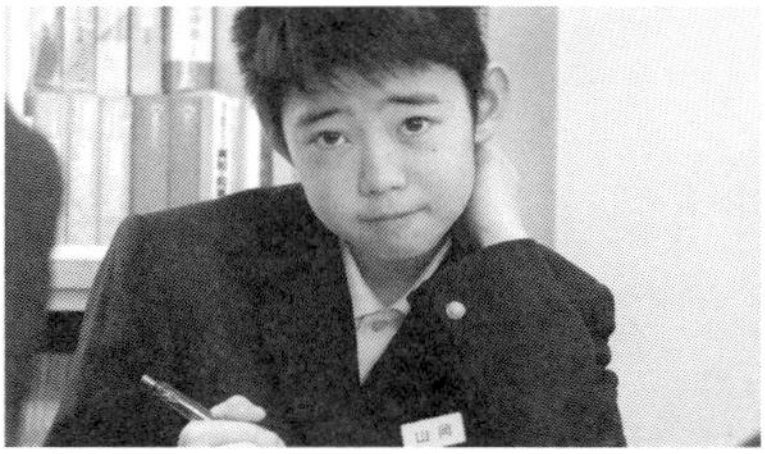

美土里中カリキュラム・マネジメント

私たち中学校教師は、自分の受けもつ教科の専門性を少しでも高めるべく切磋琢磨してきました。どのような教育改革が進もうと、教科の専門性（知識・技能）向上への取組の重要性が変わることはないでしょう。

その一方で、「ただ自分の受けもつ教科のみ向上できればよい」という考え方に偏ってしまえば、（教師としての授業力向上という大きな視点に立ったとき）自らの視野を狭めてしまう危険性があることを、「学びの変革」を通して感じるようになりました。

実際、これまでの私たちは、自分の受けもつ教科以外の学習指導が、年間を通してどのように行われているかに対して、（無関心とまではいわないまでも）意識を向けることが少なかったように思います。

教科にはその教科固有の系統性（縦の系統性）がありますが、これは（どちらかというと）教師側の論理です。他方、子ども側の学びに立脚するならば、教科間の学びの系統性（横の系統性）もあるはずです。この横の系統性が保障されなければ、子どもたちの学びは教科ごとに寸断されるかもしれません。

具体例をあげると、次のとおりです。

中学3年生の理科では、斜面を転がる運動について記録タイマーを用いて実験・観察し、その結果を整理すると、移動距離は時間の2乗に比例する（実際には、「2乗に比例する」という言葉は使わずに、次第に速くなる運動と指導している）ことを学習します。

一方、同じ時期の3年生の数学では、「2乗に比例する関数」の導入で、斜面を転がる運動を取り上げ、時間と移動距離との関係から、「2乗に比例する関数」について定義をすることになっています。

これらは教科間の学びの系統性を考えるうえで重要な着眼点だと思うのです。教科を越えて学習内容に共通項があり、学習する生徒も同じなわけですから、それぞれの教科で学ぶことを関連づけて学習することができれば、「数学的な解釈ではどうとらえるか」「理科的な解釈ではどうか」と、「時間と移動距離との関係は、2乗に比例する」ことについて、子どもたちは2軸で思考できるようになるはずです。

これは、新しい学習指導要領においても求めれている「見方・考え方」を多角的に働かせる姿だといえます。すなわち、異なる教科からの関連づいたアプローチにより、**特定の知識が（単なる事実としてではなく）概念として形成される可能性が高まる**のです。

しかし、実際は、自分が指導している教科内容のみを意識し、たとえば数学の教師が理科での学習内容を踏まえて指導することはあまり見られません。

このことは、国語科でも同様のことがいえます。現在も言語活動についての指導を丁寧に行っていますが、国語科以外の教師が、国語科でどのような言語活動を指導しているのかを意識しながら自分の教科の授業を見直すことは多くありません。

しかし、もしこうした着眼点をもって指導に臨めば、（子どもたちにとっては、「あぁ、あの活動のようにやればいいのか」と認識できることで）自分の受けもつ教科の「学び合い」の質が高まる可能性は十分に考えられます。

そしてまた、これらのことは、「中学校では、学級ごとに多様な『総合的な学習の時間』を展開することがむずかしい」とされる中学校教師の意識と無関係ではないと思います。

そこで、私たちは、各教科の年間指導計画をエクセルファイルにまとめて共有化し、教職員がいつでもＰＣで閲覧できるようにしました（Action-04を参照）。この一覧を見ることで、「どの教科で」「いつ」「どのような学習内容を」「どう指導しているか」が一望できるようになります。また、（教科だけでなく）総合的な学習の時間との関連を意識して整理することで、教科で学習したことを活用・発揮できるような探究的な学びを進めていけると考えられます。

こうした取組は、まさに新学習指導要領が現場に求めるカリキュラム・マネジメントにほかなりません。（カリキュラム・マネジメントという言葉自体は以前からありますが）今般の改革によって次の３つに整理されました。[①]

①各教科等の教育内容を相互の関係で捉え、学校教育目標を踏まえた教科等横断的な視点で、その目標の達成に必要な教育の内容を組織的に配列していくこと。

②教育内容の質の向上に向けて、子供たちの姿や地域の現状等に関する調査や各種データ等に基づき、教育課程を編成し、実施し、評価して改善を図る一連のＰＤＣＡサイクルを確立すること。

③教育内容と、教育活動に必要な人的・物的資源等を、地域等の外部の資源も含めて活用しながら効果的に組み合わせること。

このうちの①が、教科間の学習内容を一望できる年間指導計画に該当します。それともう一つ、カリキュラム・マネジメントを充実するうえで意識しておきたいことがあります。それは「小・中学校間の学びの連続性」です。このことを、上述の文脈で言い換えると、縦の系統性の保障だといえます。

【小学校教師側】 小学校で学ばせる学習内容が、中学校のどのような学習につながっている

〈注①〉中央教育審議会答申「幼稚園、小学校、中学校、高等学校及び特別支援学校の学習指導要領等の改善及び必要な方策等について」平成28年12月21日

のかを意識しながら小学校での授業を構想する。

［中学校教師側］ 中学校で学ばせる学習内容が、小学校のどのような学習とつながっているのかを意識しながら中学校での授業を構想する。

義務教育という大きなくくりで子どもたちの学びを考えるならば、小学校6年間と中学校3年間を分けて考えるのではなく、9年間をひとまとまりととらえて考えることが大切です。そのための小中合同の授業研究です。

たとえば、中学3年生の数学で学習する二次方程式では、「ab＝0ならば、a＝0またはb＝0」という考えを使って二次方程式を解きます。この考えの基となる考え方は小学校3年生の算数で学習します。

そこで、中学校3年生の数学教師が小学校3年生の算数授業を参観する、逆に小学校3年生を受けもつ教師が中学校3年生の数学授業を参観する、といった案配です。**小中お互いの教師がそれぞれの授業の実態を把握することができれば、指導方法を含め、広い視野から授業をどう改善すればよいかを構想できる**ようになります。

このように、小学校と中学校の教科の学びをつなげることで、児童・生徒の学びを豊かで必然性のあるものに変えていける例はたくさんあると思うのです。

子どもの学びを見取る

平成29年3月に告示された新学習指導要領は、「主体的・対話的で深い学び」の視点から学習過程の改善を求めています。中央教育審議会での審議過程では、当初「アクティブ・ラーニング」という用語が使われていましたが、学習指導要領の規定では「アクティブ・ラーニング」という用語は使わずに、「主体的・対話的で深い学び」という文言に統一されています。

この「主体的・対話的で深い学び」を考える際、最も重要なことは「子どもの学びの見取り」です。

●目の前の子どもたちの学習状況は、いまどのような段階にあるか、課題は何か。
●子どもたちの学ぶ姿から主体性を見いだすことができるか。
●子どもたちの学びが拡散・収束を繰り返しながらよりよいものになっていくような対話となっているか。

こうした子どもの学びの見取りの適切さがあってはじめて、「深い学び」に連なっていくような授業改善を志向することができるのです。言い換えれば、見取りを間違えれば（そもそも見取りそのものを怠っていれば）、どれだけがんばっても望ましい成果は得られないでしょう。

授業の主人公は子どもたちです。その子どもたちが学習を通じてどのようなことを考え、クラスメートとどのような話をし、その結果として自分の考えをどのように深めていったのかを見取ることは、授業を改善するうえでとても大切です。たいへんむずかしいことではありますが、**美土里小・中学校が目指したのは、まさにこの「子どもの学びの見取り」の精度を上げていくこと**でした。

そうはいうものの、授業者自身が自分の授業を通じて、子どもたち一人一人がどのような話をしながら学びを深めているのかをすべて見取ることはできません。あるグループの対話に耳を傾ければ、教室の対角線上にある他のグループの対話は物理的に聞き取れないわけですから、いわば当然の話です。そこで、私たちは次のように取り組んでいます。

ある特定の子ども、あるいはグループごとに参観する教師を配置し、その教師が責任をもって子どもたちの発言内容や学習の進度などを記録します。その際、授業者のどのような指導（発問や説明、板書など）によって自分の担当する子どもたちの学びに変化が見られたのかを観察するように留意します。

研究協議では、各担当者が行った記録をもとに子どもたちの学びの実際（事実）を出し合うことで子どもたちの学びの実態を共有し、どのような指導が有効だったのかについて検証していきます。

この試みは、驚くほど明解に子どもたちの学びの姿を浮き彫りにしました。その姿（エビデンス）をもとに、何をどうすることが次の授業を改善することにつながるのかを協議し合うことができるようになったのです。

併せて、授業改善の視点として、次の授業計画を考える際に、その時間の目標とまとめ（振り返り）の整合性をつけることを重視しています。これは真新しいことではなく、とても基本的なことなのですが、授業計画で目標の内容とまとめの内容にズレが生じていることは割とあるのです。こうした点についても丁寧に見ていきます。

また、授業計画を行う際には、まず目標に対するまとめ（ゴールイメージ）を最初に設定する方法を採用しています。その後、授業を通じて子どもたちにどんなことを語らせたいのかを列記し、そのために必要な発問や支援内容を考えていきます。これを私たちは「逆思考の授業計画」と読んでいます。何より、子どもたちの学ぶ姿をどれだけ具体的にイメージできるかが鍵を握ります。

授業計画は念入りに立てますが、実際の授業では、できるかぎり子どもたち自身の学びに託します。**授業づくりは、研究授業などで得られた知見などをもとに教材研究から**

授業準備を行うまでが教師主体、本番の授業は子ども主体という考え方です。

本番の授業における教師の役割は、子どもたちの考えをよく聞き、それぞれの子どもたちの学びをつなげながら、いかにその学びを深めていけるかにあると考えています。

S教諭のパラダイム・シフト

平成29年7月、石井先生をお招きして、小中合同の研究授業を行いました。内容は中学3年生の数学「二次方程式」です。

本時では「二次方程式の解き方の見通しをもつことができる」ことを目標に据えていました。そこで、いろいろな形の2次方程式を生徒に示し、それらをどのようにして解いていけばよいか、グループでの対話を通して見通しをもちながら課題解決を図っていくという授業です。

「学びの変革」以前の私たちであれば、真っ先に授業者が解法を解説していたでしょう。因数分解を用いた解き方、平方根の考えを使った解き方、平方完成をしての解き方、二次方程式の解の公式を用いた解き方をそれぞれ説明し、次に、生徒は問題演習を通して授業者の解説した解法をマスターしていくという授業展開です。

それに対して、現在の私たちは、子ども同士の対話を通して解法の見通し（予想）をもてるようにすることを大切にしています。そのためには、子どもたちが既習知識を活用・発揮できるように、いかに子どもの気づきを引き出すかが課題となります。

さて、このときの研究授業の授業者は、美土里中学校のS教諭が予定されていました。S教諭は、中堅教員として活躍し、教科指導、生徒指導の双方において校内でも定評のある教師です。その彼が、本番の研究授業に先立つ10日前に行った模擬授業の折、次の質問をしたことにみな驚きました。

「私は、数学の内容を分かりやすく生徒に教えることにはそれなりの自信があります。でも、生徒の考えを聞いて、広げていくことが本当に苦手です。どうやったら、そのような授業ができるのでしょう」

自分の受けもつ教科の専門性への自負、豊富な知識に基づいて生徒に分かりやすい説明を行える力をもっている教師であっても、（あるいは、そうだからこそ）学び合う授業にむずかしさを感じているのだという一幕でした。

しかし、それ以上に私たちを驚かせたのは、同僚である中学校の先生のみならず、小学校の先生方をも前にして、S教諭が自分の悩みを吐露したことです。これは、中学校教師にとって、とても勇気のいることです。このとき、「美土里小・中学校の先生方は、お互いの悩みを言い合える、聞き合える関係性が築けていたんだな」と実感できたのでした。

そしてまた、このS教諭の質問は、子どもたちの立ち場に置き換えて考えることもできます。子どもであっても、みんなの前で立ち上がり、「私はみんなと意見を交わしながら解法を考えるのが苦手です。どうすればいいですか？」などと言えるでしょうか？それが、子どもにとってもどれだけハードルの高いことか…。

しかし、もしこのとき、この子の質問を聞き合える子ども同士の関係性、分からないことを率直に分からないと言える学級文化が醸成されていれば、「みんなと一緒に考えながら解法を学べるようにする」こと自体を、その授業における課題解決学習とみなすことだってできるはずです。

実際、S教諭の質問を引き取って、参加していた小中双方の先生方から建設的で活発な意見が数多く出されました。そうしたアドバイスをもとにしながら、S教諭は自分なりの授業をつくっていったのです。

7月の研究授業当日、S教諭の授業は「自分の苦手」を克服しようとする授業でした。子どもたちに対しては必要最低限の発問にとどめる、その後は子どもたちに委ねるという授業へのチャレンジです。

各グループでの話し合いの様子を丁寧に見取り、話し合いが停滞しているグループがあれば、そのグループでの困り感を学級全体で共有する、あるいは、他のグループの考えを聞き、それをもとに再度グループでの話し合いを進めていくという授業です。

子ども同士の考えをつなげることを特に意識した授業で、S教諭の発話数も少なく、

（ぎこちなさはあるものの）子どもたちが対話を通して学びを深めていこうとする姿が見られました（**資料**）。

この授業を境に、S教諭の授業スタイルは大きく変わりました。この日の研究授業が、S教諭にとって大きな転換点となったようです。

＊

S教諭の研究授業のときではありませんが、ある公開協議の折、他校の先生からこんなことを言われたことがあります。

資料　研究授業当日の様子

どの方が小学校の先生で、どの方が中学校の先生なのか…。不思議ですねぇ。これまで私は数多くの学校の協議会に参加し、いろいろな先生を見てきました。なかでも、小学校の先生と中学校の先生の雰囲気の違いは特徴的なので、およそ見当がつくのですが…。

この言葉は、私たちにとってとても嬉しいものでした。小中お互いの特徴が打ち消されたわけではなく、それと同時に中学校の先生方が小学校の先生っぽくなったわけでもないことが端的に示唆されているからです（もしそうであれば、「えっ、みなさん小学校籍じゃないんですか？」という発言になったでしょうから）。

これは、まさに美土里の小学校教師と中学校教師が共に手を携えて、義務教育9年間を見通した子ども主体の授業を目指してきた成果だと思われるのです。

小学校の研究授業であれば、中学校の教員が、児童の学びの姿を通して、（我が校の生徒の学びについて語るように）その授業についての最善策を熱心に語る。中学校の研究授業であれば、その逆です。このような小中双方での学び合いから生まれたのが、現在の私たちの姿だといえるでしょう。

小学校教諭（教務主任）　中藪　優子
中学校教諭（教務主任）　今田富士男

Action 06

「学び」を志向するコンダクト
―学校長の挑戦

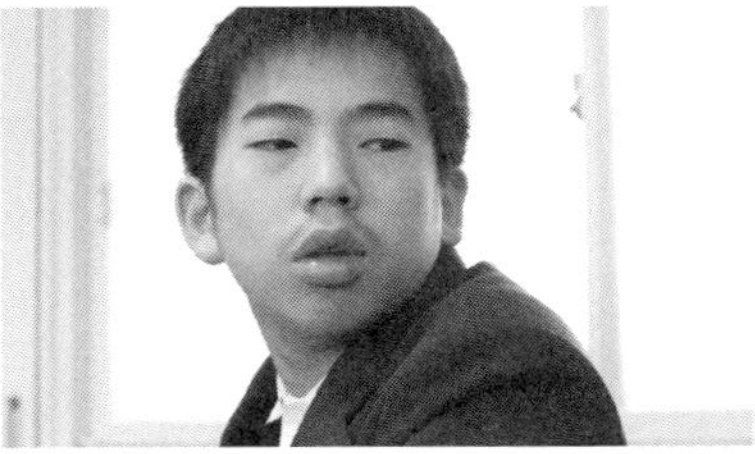

〈小学校長の挑戦〉

学び合う学校文化の醸成がチーム力を向上させる

暑い日も寒い日も、毎日ランドセルを背負って学校に来てくれる子どもたち。

「美土里小学校で、みんなと一緒に学ぶことが楽しい」

「美土里小学校で学んで本当によかった」

そう思ってもらえる学校を職員と共につくっていきたいと考えています。

そのために校長に求められること。それは「先生方のチーム力を引き上げること」に尽きます。学校全体が「チーム美土里」となり、活力ある学校をつくっていく、そのために欠かせないのが、教師間の協働性であり、教師同士がそれぞれに授業力を高め合う同僚性です。この学校文化をいかにして醸成すればよいかを考え、コンダクター（指揮者）としての役割を果たすことが、校長である私のミッションです。

「121名の子どもたちを職員全員で育てる！」

この言葉を合い言葉にして、本校に勤める教職員集団が心を一つにして教育実践を重ねる、「チーム美土里」の一員としての自覚をもって仕事ができる環境づくりに努めています。

このとき、よりよい同僚性の発揮に欠かせないのが、教職員同士の温かい関係性に基づく語り合いです。それは職員室の風景に如実に表れます（Action-03でも紹介）。

「今日、Aさんがはじめてみんなの前で自分の考えを言えたんです。とても誇らしそうで、私も嬉しくなっちゃいました。Aさんの姿は、クラス全体にきっとよい影響を与えると思うんです」

「それは、Aさんに対して我慢強く接してきた先生の待つ指導の成果ではないでしょうか」

「うちのクラスは、みんな仲がよいし元気なのはよいのですが、授業での積極性がまだまだで…」

子どもの姿を語る、よりよい指導とは何かを提案し合う、失敗談や悩みを吐露する、お互いに励まし合い価値づけ合う…こうした教師間の対話が、当たり前のように見かける職員室の風景です。

こうした**教職員間の対話が自然と生まれるには、相手の思いを受け止めて話ができること、そして、「子どもの成長につながることは、とにかくやってみる」プラス思考で、挑戦できる機運が校内に立ちこめていること**が必要です。

子どもたちは、そうした教師の姿を本当によく見ています。口では「失敗を恐れずがんばろう！」と言っていても、その教師自身にチャレンジ精神が欠けていれば、子どもたちはついてきてくれません。逆に、たとえ言葉には出さなくても、教職員の気迫は必ず子どもたちの心に届きます。「先生たちは力を合わせ、本気で取り組んでいる。だから、ぼくたちも本気になりたい！」と。

子どもたちにとって最大の教育環境は、私たち教職員自身なのです。

目標達成に向けての歩み

1 先進校の実践から学ぶ

パイロット校の指定を受ける前年度末のことです。本市教育委員会の担当指導主事から、このような話がありました。

「『学びの変革』を進めていくに当たっては、おそらく総合的な学習の時間の年間計画や授業を見直すことが求められると思います」

当時、本校では、「学びの変革」に対する当惑した空気が蔓延していました。「自分たちの目指すべき授業はどのようなものであるのか」イメージできずにいたからです。そこで、総合的な学習の時間の研究推進校であったY小学校を紹介してもらいました（Action-01 でも紹介）。

Y小学校のN校長先生に電話をかけ、「学校の取組を見せてほしい」と率直にお願いをしました。すると、（年度末の多忙な時期でしたが）二つ返事で「分かりました」と快諾をいただきます。そこで、4月に転勤予定だった教職員以外の全員でY小学校を訪問しました。

Y小学校は、複式学級もある全校児童数50名余りの学校です。N校長先生や研究主任が、校内を案内してくれながら、研究の経緯や実践内容のレクチャーをしてくれました。Y小学校の研究成果は、私たちの心に情熱の火をともすのに足りるものでした。「Y小学校の実践から学ぶことができれば、私たちの目指す方向が明らかになるかもしれない」そう考えた私たちは、「1年間、一緒に研究を進めさせてほしい」「校内研修の場に参加させてもらい、授業づくりを学ばせてほしい」とお願いしました。

このようにして、ネットワーク校が決まりました。これから先の研究に対する明るい兆しとなる出来事でした。

2 目標の共有化

平成27年度の教職員は、50代が5名、40代が4名、30代が3名、20代が1名という構成です。この職員構成（管理職以外の教員）で「学びの変革」に向かっていかなければなりません。しかし、当時、教職員とは対照的に、校長である私は、不安よりも期待感のほうが大きかったことを覚えています。

パイロット校の指定を受けた際、まず私の頭のなかに浮かんだことは、「この研究を通して全教職員で目標を共有し、３年後には目指す山頂に辿り着きたい」という思いでした。

国の方針、県や市の方針を踏まえながらも、私たちは「何のために」研究を行うのか、「どのように行えばよいのか」を探っていくプロセスそれ自体が、（最初のうちは混乱するかもしれませんが）最終的には教職員一人一人の力量形成と、よりよい授業改善をもたらすと感じていたのです。

実際、研究指定当初の教職員の動揺は、私が想像した以上でした。これまで20年以上もの歳月「これでいいんだ」と思って実践してきた授業スタイルの変更を求められるわけですから、無理からぬことでもあります。

しかし、そうした混乱も徐々に収束していきます。

「育成を目指す資質・能力とは、いったいなんだろう」

校長室のテーブルを囲んで先生方と協議し合う場を設けると、驚くほどに教職員からさまざまな思いや考えが出されました。気づけば２時間以上もの時間が経過していたこともしばしば。私たち教職員が目指す共通の子ども像を描けさえすれば、研究は大きく前進していくだろう、そんな手応えを感じていました。

3　研究推進体制を整える

パイロット教員（中核教員）として本校に赴任してきた教員は、研究主任として事業を推進していく要《かなめ》として位置づけました。さらに、研究推進のメンバーに、ベテランの教員（最年長の50代後半の女性教員）を加えました。「授業改革推進リーダー」としての位置づけです。

20代や30代の若手教員であれば、比較的早く授業観を転換していけるでしょうが、50代となるとそう簡単にはいきません。長い年月を経て培ってきた経験則の変更は容易ではないからです。しかし、だからこその抜擢です。文字どおり、教職員全員で授業課題を共有し、研究を推進していける教職員集団を形成したかったのです。

彼女には、「パイロット教員の相談役として、さらに、積極的に授業公開する役割を担ってもらいたい」と伝えました。彼女が引き受けてくれたおかげで、パイロット教員を軸として、若手とベテランとのコラボレーションが期待できる体制となりました。なかでも、ベテランが率先垂範して行動してくれることが何より重要だったのです。

一方、パイロット教員には、次の職務を担ってもらいました。

- ●県教委主催の研修会での情報を分かりやすく研究通信にまとめ、職員に提示し説明する。
- ●授業研究と理論研修を校内研修の年間計画に位置づけ、具体の研究をスタートさせる。

市教委の担当指導主事が一緒になって指導案検討や授業研究を進めてもらえたことも大きかったと思います。「学びの変革」とは何か、私たちはこの先どのような景色を見ることになるのか…それを明らかにできるのは、授業改善あるのみと考えていました。

4 授業公開の価値

「校内研究推進協議会では、1学期に1回は授業公開してほしい」私はそのように教職員に伝えました。本校では、研究指定を受ける以前から、年間1回以上授業公開を行っていたので、授業を見合うことに対する教職員の抵抗感は少ないだろうという読みもありました。

そもそも、一口に授業を変えるといっても、全教職員が同じベクトルに向かって推進していくためには、相互の共通理解が欠かせません。まして教職員にはそれぞれに個性があり、力量も異なります。一人一人の才覚に委ねてしまえば、授業改善の方向性においても、子どもの学びの深まりにおいても、個々バラバラとなり、本校としての「学びの変革」に届かないでしょう。

こうした問題を回避する一番の秘訣は、お互いの授業を可能な限り多く見合い、率直に意見を交わすことに尽きると考えていました。

他者の授業を見て自らの授業を改善することは、端から見ると遠回りのように見えることもあります。しかし、実はその教師にとって最も合理的で望ましい最短ルートを辿ります。もしその道のりが人よりもずっと長かったとしてもそうです。けっして遠回りではありません。それだけの道のりが、その教師にはそもそも必要だったということなのです。

近視眼的で見た目の合理性や効率性に目を奪われれば、「急げ、急げ」とばかりにせき立てられて、その教師にとって本当に必要な力量が培われないまま研究を推進する危険すら生まれる可能性があります。

また、授業を見合う機会が増えるごとに、学期ごとに成長していく自らの授業力の向上を感じ取ることもできるようになります。授業力の向上は、その教師の自己有用感、自己肯定感をもたらします。さらに仲間からの価値づけがあれば、授業を行うこと、そのために準備をすることが、どんどんおもしろくなります。

おもしろい授業ができるのは、授業をおもしろがれる教師です。授業がおもしろくなれば、子どもたちの学びも深まります。深い学びを体感した子どもは、学びそのものを楽しむようになります。

まさに授業を介したポジティブ・スパイラルだというべきでしょう。

全員参加の授業づくり

1　学習環境の整備

「環境が人を育てる」と言います。そこで、私たちは学習環境の整備に着手することにしました。

特に重視したのが、学校として統一感のある掲示物の整備です（資料1）。子どもたちの学習意欲を喚起し、子どもたち自身が「こういう学校にしていきたい」というイメージをもてるようにすることが目的です。

- 学校が何を目指しているのか、子どもたちに分かりやすく伝えるために、各学級で何を掲示するのかを精査する。
- 教室の背面掲示板には、「きらりノート名人」「自主学習ノート名人」の掲示コーナーを共通につくり、子どもたちの学びの足跡を残す。
- 学期ごとの個人目標は、子どもたちが自分自身で評価できる様式のものにして定期的に振り返りの場をもつ。
- 主体性・積極性を育てる取組の一つとして児童会の掲示板を作成し、児童会立会演説会での約束を明示する。

また、机の向きを「コの字型」にすることを先生方に提案しました。

「分からないことが分からないと言える」

「友達の考えから学ぶ」

資料1　教室掲示の様子

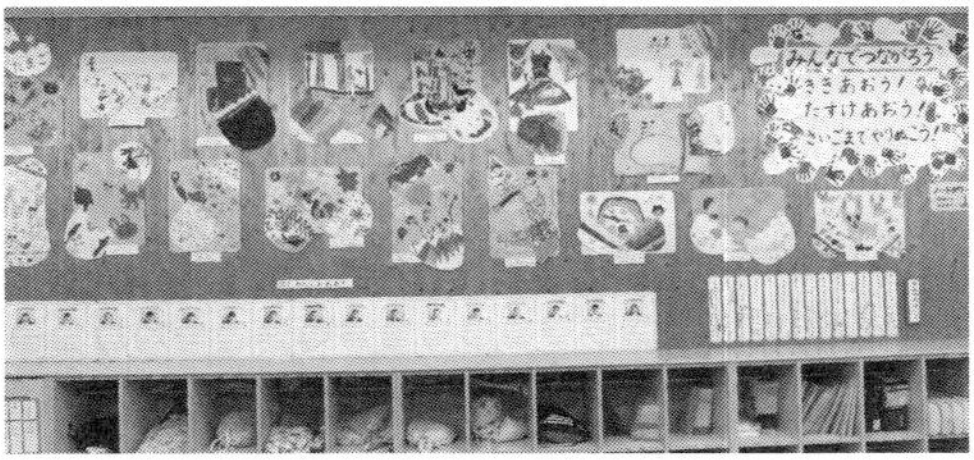

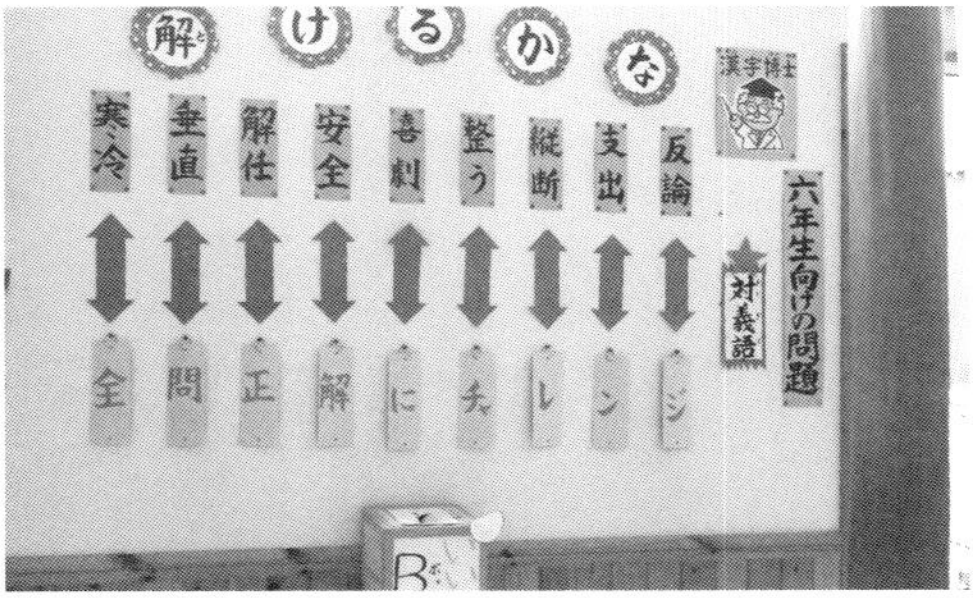

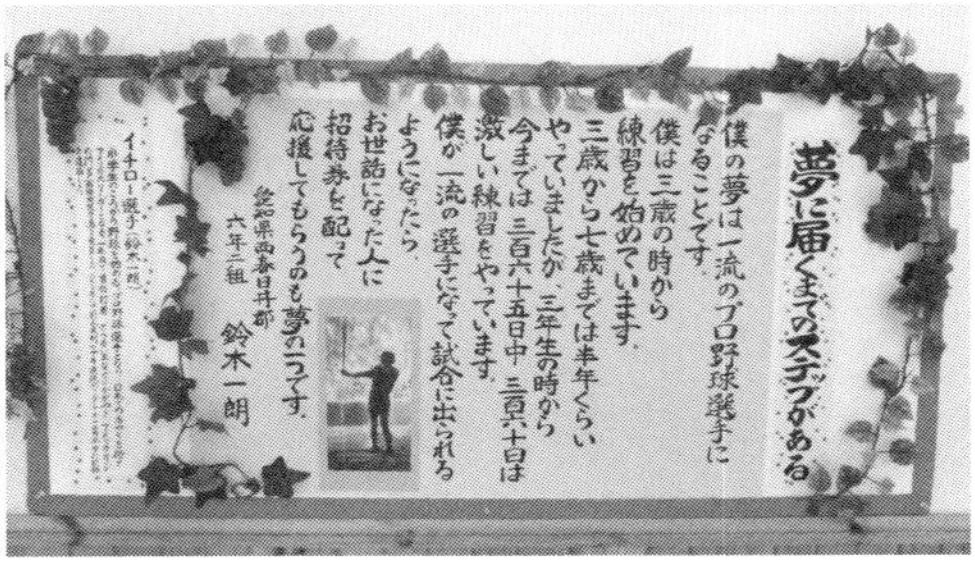

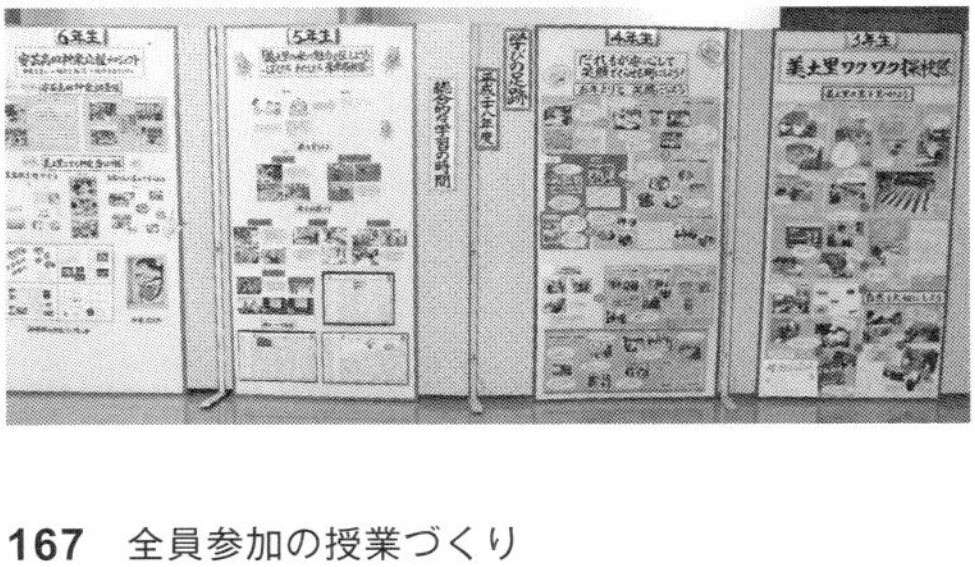

「話し合いを通して学びの質が高まる」

こうしたかかわり合いのある授業をデザインするために必要だと考えたからです。

しかし、先生方の反応は厳しいものがありました。

「配慮の必要な子どもにとっては集中力が分散してしまうのではないか」

「前向きの机の並びで全く問題ない」

こうした声に対して私は呼びかけます。

「やってみないうちから提案を受け入れないというのでは、授業は変わらない」

「まずはやってみよう！　やりながら考えていこう！」

日数をかけて声をかけ、最終的にはしぶしぶ同意してくれたものの、教職員の意識を変えることのむずかしさを感じる一幕でもありました。

小学校長　冨岡美保子

〈中学校長の挑戦〉

小学校と中学校をつなぐ9年間の学びを考える

いまを去ること37年前、私が教員として採用され、最初に赴任した中学校は、俗にいう荒れた学校でした。当時の先生方は、荒れの解消に向けて日夜取組を重ねていましたが、なかなか成果があがりません。その表情には深い心労の色が浮かんでいました。

ちょうどそのころ、ある先生との何気ない会話のなかで、赴任校の様子を伝える機会がありました。彼は、私と同じ中学校区の小学校に勤めていた同期で、高校時代の同級生でもありました。彼は、ため息をつきながらこう言います。

「その子たちはね、小学校のときに学級が崩れてしまった学年の子どもたちなんだ…」

その話を聞いて、私は次のように考えました。〝子どもたちの荒れは、中学校の努力だけでは解決には至らないんだ。小学校との連携・協働が必要なのではないか…〟

こうした出来事が、教師としての私の原体験です。その後、2校目の学校でも、3校目の学校でも、私は小学校の先生方との連携を重視するようになったのです。

「中学校を卒業するとき、どんな子どもたちであってほしいか」将来の子ども像を共有できるような語り合いを小学校の先生方と一緒になって行い、そのためには何が必要なのか試行錯誤するようになりました。ときには、保育所を巻き込んだ取組に挑戦したこともあります。

4校目の校長は、美土里町で小中学校連携教育を手がけられた方で、多くの貴重な勉強の機会を得ることができました。

その後、校長として赴任したのが本校（美土里中学校）です。本市の小中学校連携教育を牽引する本校は、私にとって願ってもない場所でした。そうした本校での取組も、もう3年目が終わろうとしています。

諸先輩方が築いた美土里の教育を培う学校風土、美土里小学校に赴任された校長との出会いや語らい、市教委が推進する複数校協働による授業づくりへの挑戦…こうした考え方や授業改善に全力で取り組んできたことで、私はひとつの確信に至ります。

本気で小中連携教育に取り組めば、必ずや児童・生徒の成長を促すことができる、そして、子どもたちが真に学びの渦中にいられることが、結果として学校の荒れを未然に防いでくれる…と。

管理職である私自身から変わる

いまでこそ、主体的で意欲的な学びにチャレンジしていこうとする機運が校内にありますが、最初からそうだったわけではありません。3年前、校長として本校に赴任してきた当初、ひいき目に見ても、先生方の反応は芳しいものではありませんでした。

そうした教職員の意識を変え、学校として目指すベクトルを一致させていくためには、校長の姿勢にかかっていると感じました。

いかに教師の個性や力量、教育に対する考え方に違いがあるとはいえ、どの教師にとっても共通する普遍的な矜持が、私たちにはあります。それは「子どもたちを成長させたい」「子どもたちに確かな学力をつけさせたい」という思いです。

それを実現するための授業「ビジョン」「プロセス」「メソッド」の再考を促すのが、新学習指導要領が求める「育成を目指す資質・能力」であり、「学びの変革」なのだろうと思います。

まして、大学入試改革と連動するかたちで高校入試問題も、全国学力・学習状況調査のB問題へ、すなわち従来型の「事実としての知識」を問う設問に加えて、「概念としての知識」を問う設問へと改変されつつあります。すなわち、研究指定を受けるか否かを問わず、これまでのやり方では新受験学力をつけることができないということです。

そうである以上、授業スタイルの変更は必須のものとなります。むしろ「この機会に『学びの変革』への取組を利用して、新しい授業をつくっていく」と考えたほうが賢明だろうと思うのです。そのためにまず必要だったことが、校長である私自身の意識変革でした。

実を言うと、美土里中学校への赴任前に、県主催の研修の場で、指導主事等から「広島版『学びの変革』アクション・プラン」のレクチャーを受けてはいたのです。しかし、「何をどうすればよいのか」さっぱりイメージできませんでした。私自身、自分の経験に基づいた考え方を変えることへのためらいもありました。そのような意味で、教職員の反応と大差ありません。

そうした私の受け止めが変わったのは、本校に赴任後に耳にした「『学び合い』の授業」という考え方でした。

「授業中、教師は話しすぎない、出すぎない」
「可能な限り、子どもたち自身に考えさせる、そのための時間を授業で確保する」
「だからといって、子どもたちを野放しにするのではない、丸投げしない」
「教師の明確な指導意図があってはじめて成立する子どもたちの学び合い」

すなわち、**「教師が分かりやすく知識を教える授業」**から、**「子どもたちが学び合い、深め合うプロセスを通して、子どもたち自らが知識を獲得する授業」**へ。これこそが、中学校においても実現を目指すべき、県が掲げる授業スタイルだと感じました。私のなかで「学びの変革」と目指すべき授業の姿が一致した瞬間でした。

また、研究授業後の研究協議での先生方のやりとりも印象的でした。なにより、子どもの学ぶ姿の見取りを軸とした協議だったからです。

「あの瞬間、Aさんの表情がぱっと変わって、『もっと違う問題の解き方があるよ』と発言をしたよね。それは、いま学んでいる新しいことと既有知識が結びついた瞬間だったと思うのですが、授業者の指導のもとに毎時間行ってきた『振り返り』の積み重ねが効いてきた、その成果ではないでしょうか」

「Bくんは、ずっと頭を抱え、一言も発言しようとはしませんでした。その困り感を他の子どもたちと共有できるように授業者が仕向けていたら、その後に何が起きたのだろうと気になりました」

「CさんやDくんは、授業に参加せず、終始退屈そうにしていました。本時の課題提示は一部の子どもたちの学習意欲の喚起にとどまっていたように思います。それが子どもたち全体に広がるには、どう工夫・発展すればよかったのでしょうか」

このような**子どもの具体の姿から、授業者の指導意図や指導内容、指導方法の改善点を探っていく教師間の協議は、参画者が持ち帰られる的確な問いを与えてくれます**。それは、自分自身の授業を改善するための拠りどころとなります。

そして、ちょうどそのころ、お隣の美土里小学校が、「『学びの変革』校事業」のパイロット校に指定されます。そのとき、「これは私たちの中学校にとって大きなチャンスだ」と思いました。

私たち中学校教師は、これまでよく「中学校は小学校とは違う」と口にしてきました。それと同様に小学校の先生方も「小学校は中学校とは違う」と感じていたと思います。この根底には、高校入試の有無、子どもたちの発達の段階の違いなどにより、長い年月を経て生まれた教職員文化の垣根なのだと思います。

しかし、これからはそうであってはいけないと思います。子どもたちが将来生きて働く力を獲得するためには、彼らの学びの連続性が学校段階の境目で断ち切られていいはずはありません。そうではなく、小学校での授業のよさを認め合い受け入れながら、小・中学校を一貫した授業観・指導観を形成していくことこそ大切だと考えるようになったのです。

教職員を巻き込む

「教師の取組次第で、子どもたちは変わるし、必ず変えることができる」私はそう確信しています。

子どもたちが変わりはじめると、お互いの役割が自然と明確になり、適材適所になることで組織が強化され、チーム力が向上します。すると、よりいっそう子どもたちへの指導が行き届くようになります。

このとき、校長として重要なことは、いかにひとつの大きな渦のなかに教職員を巻き込むかにあります。

教職員に対し、校長としての私のビジョン、学校教育として担うべき教職員のミッションを繰り返し口頭で伝えることも大切です。しかし、校長と教職員との間によりよい関係が構築されていなければ、どのような考え方も右から左へとただ通り過ぎてしまうでしょう。

そこで、現任校では、教職員との人間関係を築きつつ、私が大事にしていることは何か、その姿勢を伝えるためのアクションを起こすことにしました。真新しいことでもなんでもない、多くの学校でも試みられるありふれた取組、「あいさつ運動」です。

中学校の正門に続く坂道を降りた主要県道沿いにひとり立ち、私は子どもたちを迎えることにしました。笑顔であいさつ、大きな声であいさつ、地域の人にもあいさつ、通行する車の運転手にもあいさつ。

ひとりぼっちの取組です。正直なところ、最初はさみしいなぁという気持ちを胸に隠しながらの取組でした。

しかし、毎日毎日続けているうちに、教頭…教務主任…教職員と、ひとり、またひとりと私の隣に立つ者が現れはじめました。最終的には生徒会活動へと発展し、子どもたちとも一緒になって「あいさつ運動」を行うまでに広がっていました。いまでは、通行する車の人さえも会釈をして通り過ぎるまでになっています。ありがたいことです。

どんなに小さなことでも、続けることで大きな力となることを改めて実感する出来事でもありましたが、それ以上に私自身が教職員や子どもたちの温かさを直接感じ、嬉しそうにしている私の様子を彼らが感じ取る、そうした気持ちの通じ合いが、少しずつ私たちの関係性をよりよいものにしてくれたのです。

また、地域行事にも積極的に出向くことを心がけました。本校のことを知ってもらい、お互いに協力し合える関係をつくるためです。

本校には神楽同好会があり、毎年地域の神楽団の方の指導を仰いでいます。本当に熱心な指導で、生徒の自己肯定感にもつながっています。こうした生徒の姿は教職員に元気を与えてくれます。たとえ神楽についてよく知らなくても、同好会の活動に携わるようになりました。

そして、もうひとつ大切にしていたことが、**中学校長である私のほうが率先して美土里小学校へ出向く**ことです。

授業を参観し、児童の様子を見る、中学校でその様子を語る、小学校長とお互いの学校経営について語り合う、小中が同じベクトルで進んでいるかを確かめ合う、こうした私たち管理職の姿を周囲に見せることで、私たちの本気が教職員に伝わります。

また、校内研修や職員会議の場で、これからの方向性や取組について丁寧に説明するようにはしますが、それではスピード感は生まれません。たった3年間で、私たちは変革された学びを、子どもの姿を通して明らかにしなければならないのです。

そこで、何か共有するべき案件がもちあがったら、特定の場を設定し日時を決めて集まるのではなく、「そのつど気づいたことはその場で伝え合う」ことを重視しました。

研究に必要なことを思いついたり、大事だと思ったことがあれば、私はすぐにA４・１枚にまとめ、教職員に配布します。社会の変化に伴い、教育に期待される事柄が変わってきていること。そのために、自分自身も、授業も、生徒への接し方なども変えていかなくてはいけないこと。自分自身の経験も振り返りながら伝えます。最近では、各教職員も、研修で学んだことがあれば、A４・１枚にまとめ、報告するようになりました。

また、全校朝会では、生徒に向けて話をしながら、教職員に聞いてほしい話を盛り込みました。私の思いを知ってもらうこと、それに対する生徒の反応、生徒が前向きな目をしているかどうか、それを教職員に感じ取ってもらいたいとも考えました。

そうやって少しずつ教職員を巻き込んでいくことが、授業改善の足がかりとなるのだと思います。

教職員の負担感を軽減する

私には、もうひとつ確信していることがあります。それは「『学び合い』という授業スタイルは、『学力向上』と『集団づくり』の双方につながる」ということ。

子どもたちにとって少しハードルの高い課題を設定し、学び合いを通じて自分の考えをどんどん出し合いながら答えに迫ろうとする授業づくりです。クラスメートの考えを参考にして、最終的には自力解決を図ることは、子どもたちに達成感をもたらします。のみならず、次の学習への意欲につながり、ひいては学力の向上を期待することができます。

また、学び合いは、よりよい集団づくりにも寄与します。相手を思いやり優しく話し合うこと、聴き合うことは、子どもたち同士のつながりを生み出し、学級への温かな帰属意識を醸成します。

お互いに学び合える環境は、自分ひとりでは解決できない問題に自ら挑戦する土台となります。このような確信を校長自らがもつことがとても大切だと感じています。校長のポジティブな思いや願いは、教職員の意識によい影響を及ぼすからです。

よいものはどんどん取り入れ、新しいことにも挑戦することの大切さを実感しています。しかし、このことは同時に教職員の負担感と背中合わせです。
そこで、私は次の事柄に取り組むこととしました。

【会議の時間短縮】　教職員が学び合える授業づくりに必要な時間を確保するために、職員会議で協議する内容は、あらかじめ各学年会や分掌会で練り、その後企画会で修正して、しっかりと内容をかためたうえで職員会議に提案する。

【部活動休養日の設定】　毎週水曜日を部活動休養日にして生徒を早く下校させ、そこに計画的に会議や研修を入れていくことで、教職員の負担感を軽減する。

【職員朝会の時間厳守】　毎朝の職員朝会での伝達事項はあらかじめ日報に入れておき、それに目を通すことで、職員朝会の時間延長をなくす。

【事務仕事の簡素化】　できるだけ事務仕事を簡素化することで指導案作成や教材研究などを行える時間を捻出する。

教職員のやる気を引き出す働きかけ

教職員は、教育の専門家です。子どもたちの成長を願い、日々考え実践しています。
他方、自分の目指す教育を実現するためには、どんな授業を行うことが必要なのか、具体的にイメージできない教職員もいます。

また、ひとくちに教育の専門家といっても、（子どもたちと同じように）様々な個性があり、与えられる役割も力量も異なります。こうした差異を超えて、同じベクトルに向かって邁進できる教職員集団をつくること。それが、校長のミッションのひとつです。

そのために必要となる人材育成の基本は、次の4つです。

- **認める**（価値づける）
- **任せる**（信じる）
- **褒める**（意欲を喚起する）
- **指導する**（問題意識をもたせる）

これらのことは、（校長であれば教職員に対して、教職員であれば子どもたちに対して）誰もが行っているであろう当たり前のことです。この当たり前のことをていねいに行っていくことが大切であると思います。

また、望ましい教職員集団をつくる第一歩は、教頭との関係性の構築であり、校長と思いや願いを同じくし、共に学校を経営する主体となることです。

「理想の授業とはどのようなものか」

「私たちの学校はどこを目指すのか」

「同じベクトルに向かっていくために、どの教員をどのように生かすか」

「教職員のやる気を引き出すために、どのような働きかけをするのか」

こうした事柄について私は教頭と語り合い、その語り合う姿を教職員に見せるようにしていました。

ときには、校長として無理を通すこともありますが、こうした思いや願いを教頭と共有することが教職員に及ぼす影響は大きいのです。教職員は、校長と教頭が同じ方向を向いていること、新しい授業づくりに本気で取り組もうとしていることを感じ取ります。これが、学校経営をコンダクトする（指揮する）第一歩です。

また、教務主任、研究主任、生徒指導主事といった主任層に対しては、彼らの力を信じてミッションの遂行を任せることです。たとえば、教務主任には次のように伝えました。

「平成27年度は、時間割に組み込んででも、お互いの授業を見合うようにしましょう」

こうした校長の提案を受けて、教務主任が教職員に働きかけます。最初のころは、「余計に忙しくなる」「やりたいことができなくなる」「授業参観を強制するのか」など、反発の声があがったと聞きます。

しかし、実際に他者の授業を見たり、自分の授業を見られたりすることを続けているうちに、最初のうちこそ反発していた教職員の意識も次第に変わっていきます。

他者の授業を通して自らの授業を振り返る効果を実感し、自分の授業への忌憚のない意見が新しい発見をもたらすことに驚き、これまで見落としていた生徒の変容にも気づけるようになるわけですから、意識が変わるのは自然なことだといってよいでしょう。

校長はそうした一人一人の教職員の実践や意識の変容を褒めます。この価値づけは、さらなる意欲を喚起するだけでなく、自信をもたらします。

平成28年度になると、「授業を見合おうＤＡＹ」（Action-04参照）を設けるに至り、授業を見合う取組はすっかり定着しました。

授業を見合う取組自体は校長が考えた提案ですが、教職員を信じて任せ、一定の成果が得られたことで、教務主任や研究主任自らが次の新しい取組を考えはじめました。それが「授業改善手帳」の取組であり、「授業観察シート」の活用です（Action-04 参照）。いずれも彼らの自発的な発案でした。

授業改善手帳とは、次の取組です。

①週のはじめに授業改善のポイントをすべての教員で確認し合う。
②１週間、そのポイントを意識して授業を行う。

③週末、自分の反省点や課題を授業改善手帳に書き込んで、教務主任に提出する。
④教務主任は、教職員の授業課題を把握し、次の週の改善に生かせるよう指導・助言する。

授業観察シートは、「授業を見合おうＤＡＹ」での授業参観時に活用するものです。研究主任は、「研究通信」をたびたび発行して啓発に努めます。また、授業公開する前に、教員が生徒役となって事前に模擬授業を行う取組も、授業者のよさや課題を知るうえで効果的な取組となっています。

これらの取組が当たり前になるころには、（美土里小学校の実践でも挙げられていましたが）職員室の風景がすっかり変わっていました。主任層はもちろん教職員みんなが子どもたちの学びや授業について語りはじめたのです。

まさに、授業改善に向かって突き進む、学び合う教職員集団といえるでしょう。

やはり授業が勝負！　小中連携教育の深化

小中連携というと、行事を思い浮かべる方は多いと思います。確かに、小中合同の行事等は、子どもたちに自信や自己肯定感をもたらす有用性があります。しかし、行事等で連携する機会は、年にそう何度もあるわけではありません。

1日の大半を占めるのは授業です。私たちは授業こそ小中で連携すべき一番大きなテーマだと考えています。授業が勝負の場、連携の場です。

実際、小学校と中学校が、共に目指す授業を志向することの教育的成果は計り知れません。義務教育9年間を通じた学びに連続性が生まれるからです。この連続性は、中一ギャップを解消し、授業に対する子どもたちの戸惑いを払拭します。

小学校で学んだこと（**教育内容**）**が中学校で生かされるだけでなく、「どのように学ぶのか」その学び方が継承されると、子どもたちは伸び伸びと学べるようになる**のです。子どもの主体性を引き出し、学び合いによって対話的な教育活動が保障されれば、学びの深まりを期待できるようになります。

その実現のために欠かせないことがあります。それは、9年間を見通した子どもの育ちに基づく計画、すなわち小中をつなぐカリキュラム・マネジメントです。

美土里町には非常に珍しいハッチョウトンボが生息しています。小学校では、「総合的な学習の時間」で、その生態について学年を追って継続的に学習します（**資料2**）。中学校では、「総合的な学習の時間」に、美土里町の「少子高齢化の問題」「健康促進の問題」などについて聞き取りをし、自分たちで考えをまとめ、問題提起と解決策を発信します。

そのなかに、「野生動物の被害」について学習したグループがあり（**資料3**）、これは環境問題との関係があるので、小学校でのハッチョウトンボの学習と中学校での野生動物による被害の学習をつなぎ、小・中学校を通じた「総合的な学習の時間」のカリキュラムをデザインできるのではないかと考えています。

資料2　ハッチョウトンボの実践（小学校・総合）

資料3　野生動物の被害の実践（中学校・総合）

また、小中双方で神楽を学習しています。神楽は美土里町の大切な伝統文化の一つです。中学校では実際にその神楽をいろいろな発表の場で演じています。これもつなぐことができれば小・中学校を通じた「総合的な学習の時間」になるのではないかと思います。

こういう学習を通して、美土里のよさや課

題を知り、そのよさを守り、課題解決の方途を提案することを通して、自分たちの生まれ育った美土里に誇りをもてるようにすることが、最大の教育目標でもあると思います。また、小学校で学んだ既有知識が中学校で生かされ高度化するために、どの時期に、どのような学習を進めることが効果的なのかを小中の教職員で研究しています。

小・中学校の教職員が共に議論し合い、新しい実践をつくり出していくワクワク感は、たとえようのない喜びです。そうした**教師の高揚感や機運は、必ずや子どもたちに伝染します。**「自分たちもこうしたい」「こうなりたい」という子どもたちの思いや願いを発信できる場を小中連携でつくっていくこともできるはずです。

今後も子どもたちを中心に据え、子どもたちに寄り添った教育を展開していきたいと考えています。

「すべては子どもたちのために」です。

中学校長　坂本　積

Action 07

「学び」の根を支える内外リソース
―地域と共につくる授業

地域リソースの活用は何をもたらすか

美土里町は、過疎化・高齢化に伴う後継者不足、農業をはじめとする産業の衰退、限られた交通手段など、様々な問題を抱えています。全国の小さな市町もまたそうであるように、ただ手をこまねいていれば、それらの深刻さは増していくばかりでしょう。

そんな私たちが賭けたのが、子どもたちの学びです。子どもたちの教育活動を、地域をつなぐ求心力として位置づけ、そのリソースを活用することで、私たちの地域そのものを活気づかせるという戦略です。

ハッチョウトンボの実践が、その可能性を示唆してくれました。子どもたちの教育活動に触発された地域の人たちの思いや願いから学んだことです。いつしか、豊かな自然環境を生かして地域の活性化を図りたい、子どもたちを育てたいという思いが地域の共通する願いとなりました。**子どもたちの学びの姿が、地域の活力になる**のです。

ここにこそ、美土里の未来に向けて一縷の望みを掛ける価値があるのではないか？

新しい学習指導要領は、これからの教育について、「何を学ぶのか」（教育内容）、「どのように学ぶのか」（主体的・対話的で深い学び）、「何ができるようになるのか」（資質・能力）を考えることを求めています。

いずれも大切な視点だと思いますが、私たちはそれらを越えて、「何のために学ぶのか」（思いや願い、使命感）という（生涯をかけて問い続けられる）問いを子どもたち自身が獲得することこそ、私たち教師が目指すべきことなのではないか？　それが実現されるとき、答えのない問題に本気で立ち向かっていけるようになるのではないかと思うのです。

人生の岐路に立たされ、「何のために学ぶのか」と自問するとき、それは自分のためなのか、それとも何か別のためのものなのか、そのつど問い続けられる問い…。

自分のためと思える学びも大切です。その一方で、その視野が自分から友達へ、家族へ、そして地域へと桁があがっていくにつれて、子どもの本気度は増すように思います。実際、**子どもたちのなかに「故郷を愛し誇りとする心情」が生まれる前と後では、たとえ全く同じ実践であっても、子どもたちの瞳の輝きが違う**のです。

それは、自分が考えていること、実現しようとしていることを自ら肯定する足場となります。そして、もし誰かの役に立てる舞台が用意されれば、彼らは自分たちの素朴な資質・能力をいかんなく発揮しようとするでしょう。

教室のなかに自分が役立つ持ち場がある、地域の人たちの役に立てる自分だけの持ち場がある、そう思えることが、いったいどれほどの力を子どもたちに与えるか、想像するだけでワクワクします。

三者両得

私たちは、地域リソースを活用するキー概念として、「三者両得」を設定しています。児童、学校、地域の三者それぞれが夢を共有し、みんなが得をするというキブ・アンド・テイクの関係性です（古く近江商人の商いの心得にも、「三方よし」という考え方もあります。売り手よし、買い手よし、世間よし）。

【児童】 美土里の自然事象や社会事象との出会いを通じて、地域への思いを膨らませ、ひいては誇りをもてるようになる。

【学校】 地域（素材、人材、想い、課題）を知り、その特性を生かした地域に開かれた教育課程を編成することで、地域リソースを最大限に活用したダイナミックな教育活動を仕組むことができる。

【地域】 子どもたちの学びの担い手の一人として、学校と連携を図りながら教育活動を共につくっていく主体となることで、地域のよさを再確認し、地域の活性化に向けて希望をもてるようになる。子どもたちとの直接的な触れ合いが地域に生きがいをもたらす。

子どもたちの教育活動に参画している地域の人たちは、「学びの変革」に携わるずっと以前から、子どもたちに豊かな体験をさせてやりたいという思いをもってくれていました。しかし、それは学校支援自体が目的ではありません。地域をよくしたいから学校と連携したいという思いです。「だから、私たちに遠慮はいらない」彼らはそう言ってくれます。子どもの活動にかかわることが地域の人たちの生きがいなのです。

そこで、小学校については総合的な学習の時間の実践を通して、どのように地域リソースを活用しているか、中学校については部活動において活用している地域リソースを、授業でも取り入れられるように、今後どうやって教材化を図っていけばよいか、その課題について紹介します。

〈小学校の取組〉
ヤゴの実践を通じた地域協働

本校の総合的な学習の時間においては、①地域の「よさ」、②地域の「困り感」の両面に焦点を当てて地域素材を活用した活動を検討してきました。①については神楽（6年）や稲作（5年）、②については障害者・高齢者福祉（4年）が当たります。

●3年生：ヤゴ
●4年生：町内の福祉施設
●5年生：稲作
●6年生：神楽

3年生のヤゴの場合は、これらとは別の角度で「児童の興味・関心」を軸にした単元開発でした。ヤゴを学習素材として児童主体の活動を考えるとき、その教材価値は大きく5つあると考えました。

①自力で採集・観察・実験・飼育を繰り返しやすい。
②じっくり観察しやすい。
③児童が自力で探究しやすい。
④人とかかわりをもたせやすい。
⑤児童の発達の段階との適合、他教科との関連をもたせやすい。

①については、川に行けば網を使って簡単に、しかも1年中採集することができます。
さらに、水槽と土、えさ、木の枝があれば教室で容易に飼育することができ、いつでも

観察できるのでヤゴを身近に感じることができます。

②については、ヤゴはあまり動きまわらないので、シャーレに取ってじっくり観察することができます。観察やスケッチを通して、形状の違いから分類することができます。

③については、おもしろい習性や特徴（インターネットや書籍で情報を得る）があり、それを確かめるための実験は、身近な道具を使って子どもたちが行うことができます。実験した内容は、いずれも児童が自ら考え、実施できるものとなります。

④については、県や市の行政機関を通して生物生態や環境保全にかかわっている方々がいるので、彼らに支援を求めることが比較的容易であり、児童はその方々と対話的な探究をしていくことができます。

具体的には、広島県環境保健協会（国土交通省三次河川国道事務局）、可愛川漁業協同組合、農業協同組合、市役所環境生活課など、水環境の維持に携わっている専門的な方々との連携を図る場を設定することができます。

⑤については、身近な生き物をテーマとすることで、児童の興味・関心を引き出し、理科や社会科、国語科など、他教科との横断的な関連をもたせることで、児童自らが知識や経験を活用しながら探究していける活動を仕組みます。

本節では、ヤゴの実践を取りあげます。まずは、1年目と2年目の概略をご覧ください。

〈1年目〉

漠然と「身近な自然環境をテーマにできないかな」と考え、地域の水環境にスポットを当てて学校付近の山水や小川を探索。児童の気づきや疑問を引き出すこと、それらを生かして次の課題を設定し学習活動を展開していくことに腐心。

「美土里の山水と水槽の水や蛇口の水は、どちらがきれいか」

「山水が水道につながっていない。では、水道の水はどこから来ているのか」

水の流れを辿る活動、「きれいな水を守ろう」「節水しよう」という呼びかけをする活動（学習発表会）、こうした諸活動を通して学んだことをポスターにまとめる活動を展開（資料1）。

資料1　1年目の活動の様子

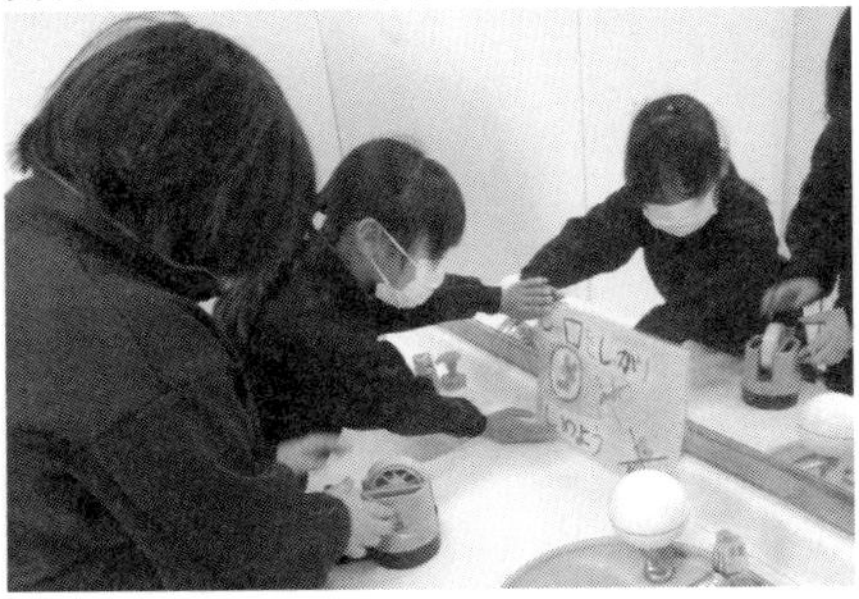

［課題］教師自身の知識量が不十分だったために、見通しをもって学習を展開することがむずかしく、児童が自力で探究活動していく姿の実現には至らなかった。

〈2年目〉

1年目の反省から、児童が主体的に活動できるようにするための再検討からスタート。担任一人の力だけでは状況の打開は困難だと判断し、職員全体で意見を交わし合う場を設定。その結果、水環境を切り口にするのであれば、水の生物にスポットを当てるのがよいのではないかという方向に転換。その場合にも、児童の発達の段階や興味・関心に十分留意。

数ある水生生物のなかから、どの生き物を選択するかで迷う。様々な意見が出たが、最終的には「ヤゴ」を選択。「何か美土里町特有のものにすべきなのでは？」という視点から、天然記念物の「オオサンショウウオ」「オヤニラミ」なども候補に挙げられたが、採集や観察、飼育のしやすさを重視。

資料２　２年目：フィールドワークの様子

珍しい生き物であれば、いっとき児童の興味・関心を引けるかもしれないが、日常的に触れ合うことは困難。そうした日常の気づきの継続性を重視し、児童が興味・関心をもって主体的に探究する姿を目指す。

学校近隣のフィールド（小川、ため池、水田、渓流など）に出かけ、ヤゴを採集したり観察したりする活動を開始（資料2）。何度も繰り返し行うことで、少しずつ児童の興味・関心は高まっていったようだ。やがて目の色を変えて活動にのめり込む姿も見られはじめた。

実験・観察を軸とした探究活動

私たちが苦心したことのひとつに、「児童の興味・関心を軸に、児童自らが問いをもち、探究していける活動へと導いていくために、どのような単元構成を構想すればよいか」があります。

1年、2年と活動を続けていくうちに、私たちは、児童の意識の自然な流れに着目し、実験内容・方法や調査内容・方法については、子どもの主体性に任せ、自由に組み合わせてよい、そのほうが繰り返し探究できる活動計画になるのではないかと考えるようになりました。

実践2年目の3年生が取り組んだ主な問いは次の7つです。

- ヤゴはどんなところに棲んでいるのか。
- どのようにして餌を食べるのか。
- ヤゴは物陰に隠れるのか。
- 白と黒ではどちらに集まるのか。それはなぜか。
- 光を当てるとどうなるか。

●ヤゴはどうやって進むのか。
●ヤゴの進み方に規則性はあるか。

この7つの問いに基づき、様々な実験や調査を繰り返します（資料3）。その結果、次の理解にたどり着きます。

資料3　観察・実験の様子

●水田、ため池、緩やかな小川、渓流など、生息する場所によって種類が違う。どうも水流や水深に関係するようだ。
●ヤゴは下あごをもっており、それを一瞬のうちに伸ばして餌を食べる。
●天敵や光を避けるために、石や草、泥などの下に集まる。
●白と黒とでは黒いほうに集まる。それは物陰に隠れる性質があることが理由。
●ヤゴに光を当てると背を向ける。
●ヤゴは水噴射をすることで前に進む。種類によっては直腸にエラをもっていることことが理由。

●ヤゴは水の流れに対する姿勢をとる。

児童は、次第にヤゴの学習を通じて、学級自慢の目玉商品として考えるようになりました。私たち教師にとっては、児童主体の授業は、学習意欲、課題意識、探究心、自尊心などを高められることを学んでいきました。

児童の学ぶ姿が、地域の人たちを本気にさせた

フィールドワークを繰り返しているうちに、児童や教師が夢中になってヤゴを採集したり観察したりしている姿が地域の人たちの目に触れるようになってきました（資料4）。また、研究成果をもとにした児童劇（学習発表会）を参観したり、ヤゴを題材とした児童の詩集を目にして心を打たれた方が、子どもの教育活動の応援団になっていったのです。

そんなヤゴの実践も3年目を迎えたある日、地域の方が学校を訪れて、次のことを教えてくれました。

「実は、ハッチョウトンボらしきものが飛んでいるのを学校の近くで見たんで伝えに来ました。何かの参考になればよいのですが…」

ハッチョウトンボは希少種で、日本一小さいトンボだと言われます（世界的にも最小の部類に属する）。離島を除く日本全土で生息していますが、局地的で、近年では著しく数が減少しています。そのため、天然記念物に指定している市町村もあるくらいです。

さっそく、その場所に案内してもらうことにしました。子どもたちとその周辺を調査していると、偶然にも、ハッチョウトンボがひっそりと群れている小さな生息地帯を見つけたのです。

「おぉぉぉお、大発見！」

資料４　活動中の地域の人たちとの出会い

このときの子どもたちの興奮ぶりは、言葉に言い表せないくらいです。野山に響き渡った彼らの歓声が忘れられません。この日を境に、子どもたちはもちろん、担任の先生や地域の人たちまでもヤゴの世界に深くはまり込むきっかけとなりました。

すると、またある日、今度は別の地域の方が学校に訪れて言います。

「うちの田んぼを提供するから、ヤゴの

資料5　ハッチョウトンボ

観察池として活用してください」

ほかにも、講師の招聘、図鑑の購入、周辺の地域住民への呼びかけなど、活動の幅がどんどん広がります。

【調査・実験】

・図鑑などの寄贈

・水田に採集に行く前には草刈りなどの環境整備

【看板制作】

・看板の縁取りづくり

・看板設置の手伝い

完全に白紙からのスタートだったヤゴの実践。3年目の3学期には、地域の人たちを招いて、これまでの探究活動の様子や研究成果を児童が披露する会を開催（**資料6**）。加えて、ヤゴの観察池に看板を設置する除幕式を盛大に行いました（**資料7**）。

児童と地域の方が一緒に制作した大きくて立派な立て看板は、観察池の水面に映えていました。新聞社の取材を受けるなか、うれしそうにはにかんで笑っている子どもたちの姿がとても印象的でした。

普段何気なく暮らしていて、何も特別なことなどない小さな町だと思っていた美土里の町。しかし、ここには、子どもたちの学びを通じて広がっていく、知と活力のネットワークがあることに気づかされました。

資料6　子供たちの研究成果

資料7　ヤゴの観察池：看板の設置

年度を越えた継続性を保障する

総合的な学習の時間の実践を積み重ねていくうちに、様々な課題が生まれました。そのうちのひとつが継続性です。1年を通じた継続性もさることながら、年度を越えた継続性の担保がむずかしいのです。すなわち、「去年のハッチョウトンボの総合はよかったが、担任が変わった今年はむずかしそうだ」にならないようにするということです。この弱点を克服するために、次のような工夫をしました。

1 引継ぎファイルの作成

クリアブックを使って活動単位で必要な物、時間、場所、人などの貴重な情報をファイリングします。また、児童の作成物や指導案などがあれば、気づきとともに保存しておきます。

この引継ぎファイル（資料8）は、活動の順序を表すものではありません。小さな活動を重ね合わせたプロット・ファイルであり、次のように担任が自由に単元構成できるようにします。

●次に引き継いだ担任は、どのように活動の順序を入れ替えてもＯＫ。
●別の活動を新たなに追加することもＯＫ。
●アプローチの仕方を変えたりすることもＯＫ。

2　学校・地域・専門家による活動構想会議

　総合は、担任一人が頭を悩ましているだけではいい実践にはなりません。知識量や技量もさることながら、自分一人では「その活動は本当に実現可能なのか」を推し量る視野をもつことがむずかしいからです。たとえ構想を広げていくことができたとしても、そのための予算をどうやって確保するかについて考える段階で、往々にして行き詰まります。しかし、地域の方や専門家の協力を得られれば、活動の幅は広がり、ダイナミックな展開を期待できるようになるでしょう。

　このとき、「三者両得」の視点から考えることが大切です。学校のためだけの地域リソースの活用では、協力しようと思ってくれている地域の人たちや専門家

資料８　引き継ぎファイル

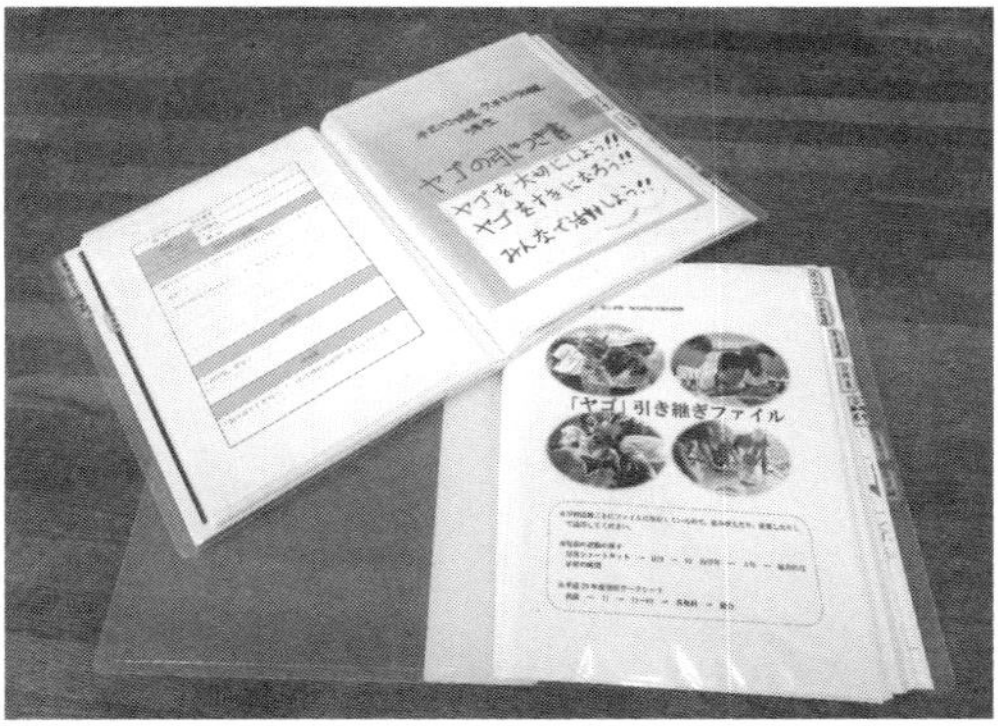

を一過性のお客さんにしてしまいます。そうではなく、当事者意識をもてるようにするためには、彼らにとってどんな得があるのかを明らかにする必要があるのです。

そこで、私たちは、地域、保護者、専門家を一堂に会する活動構想会議を校内に設置し、「お互いにとって望ましいことは何か」について意見を交わすことにしました。この取組がよかったように思います。その結果、学校にはない知識、情報、予算、人材といった地域リソースが明らかになり、それらをどのように活用するかといった実効性の高い話し合いに発展していきました。それが、子どもたちの教育活動を充実するエネルギー源となったのです。

【地域】

・郷土愛など伝えたいと思っておられる方がいる。
・休耕田などを活用できる。
・地域のなかに出ていくことで、地域に子どもの姿が見え、声が聞こえるようになる。

【専門家】

・実績になる。
・専門知識を発揮する場となる。

今後は、地域の人たちや専門家との協力を（一方通行ではなく）双方向にしていくため、「地域ガイド」を作成して配布するなど、地域への情報発信力を高めていく予定です。

3　複数学年で取り組む

実践3年目後半になると、3年生だけで実践するのはもったいないという声があがるようになります。そこで、3年と5年でスパイラルにして、より発展的な学習になるように仕組みました。また、低学年でも生活科を中心に、川遊びや「生き物ランド」の活動など、地域の自然に触れる活動を取り入れることにしました。

最終的には、（総合のベースとなる体験学習として）低学年での生活科をつなぐことで、全学年で取り組む非常に大きな活動へと発展していったのです。

＊

永く農耕文化を発展させてきた日本人は、トンボ（ヤゴ）を身近な存在として親しみをもって接してきました。トンボ（ヤゴ）たちもまた、農耕文化に巧みに順応することで子孫を繁栄させてきました。トンボ柄の民芸品や唱歌などにも、互いに融和し共生してきた証が見られます。

ヤゴを切り口として、自然や環境、歴史や文化などについて学べることはたくさんあります。今後、活動をブラッシュアップしながら発展させていきたいと思います。

〈中学校の取組〉

県内有数の「神楽」の里

私が本校に赴任した年、何人かの生徒に尋ねてみました。

「この町の自慢は何だと思う？」

ひとしきり考えた後、生徒は「自然かなぁ」と答えました。確かに、美土里町を含め、中国山地の麓、中山間地の県北部の多くの町は自然が豊かです。しかし、自然は（守り受け継ぐものではあっても）市町が生み出したものではありません。

そこで、「ほかには何かある？」と水を向けると、多くの生徒が「神楽だと思います」と答えました。

神楽とは、古来より五穀豊穣を神に感謝し、奉納されてきた歌や踊りです。その起源は古く、「古事記」「日本書紀」に記された「天岩戸伝説」に遡ります。天岩戸（洞窟）に隠れてしまった天照大神の気を引くために踊ったアメノウズメの踊りが、後の世の神楽の原型であるという説です。

「古事記」「日本書紀」に登場する神話を題材にした物語性のある神楽は、娯楽の少なかった時代、村を挙げて楽しむ一大イベントだったようです。神社の境内に舞殿を設け、神への祈りと感謝を込めて、夜が明けるまで一晩中神楽を奉納していたのです。

神楽そのものは全国各地にありますが、本県は全国でも盛んな地域として知られています。なかでも、美土里町は、特に神楽の盛んな地域として知られており、(3、000人たらずの人口ですが) 町内には13の神楽団 (神楽を舞う団体) があります。

美土里町の神楽は、出雲地方を起源とします。特に物語性を重視しており、長い歴史を通じて豪華絢爛な衣装が発達するなど、伝統文化に大衆文化的な要素が融合され、現在では美土里町の重要な観光資源となっています。

町内には「神楽門前湯治村」という湯治場をイメージした宿泊施設があり、週末には定期的に神楽が上演され、県内外から神楽ファンが数多く訪れます。このように、美土里町は県内有数の「神楽の里」ともいうべき町です。

「神楽」で結ばれた生徒と地域

神楽が盛んな本町では、生徒たちにとっても身近な存在です。生徒の家族が地域の神楽団員である場合も多く、それぞれの神楽団が「子ども神楽団」といって、児童・生徒を集め、神楽を指導しています。そして、年に1回、その子ども神楽団が集って、「子ども神楽発表会」が行われるくらい盛んです。

子どもたちは小さなころから神楽に親しむ日々を送っています。地元に残って神楽を続けていきたいと考えている生徒は、「神楽部」がある地元の高校に進学しています。

美土里中学校では、部活動の一環として神楽に取り組んでいます。時期限定（7月〜11月）の部活動で、参加する生徒はメインとする部活動に所属しながら、期間中のみ神楽の活動に参加するという形式です。本校では「神楽同好会」と呼んでいます。

資料9　神楽公演の様子

毎年十数人程度の生徒が所属し、同好会期間中に4回程度の神楽公演があり、一般の方々に対して神楽を上演しています（資料9）。ほかにも、大人の神楽団に混じって神楽発表会で公演したり、他市町の中学校と合同で神楽共演大会で公演することもあります。その完成度は、神楽通もうなるほどです。

神楽同好会の活動期間中、

週に1回19時から21時まで神楽の練習を行います。練習時間が夜間なのは、個々に所属している部活動と兼務できるようにするためです。町内には13の神楽団がありますが、年ごとに輪番で神楽の指導に携わってもらっています。

この神楽同好会の活動は40年以上もの長い間続いています。それだけ脈々と続いてこられたのは、美土里の町が神楽の盛んな土地であることもさることながら、毎年別の神楽団の指導を受けている点にあります。

一口に町内の神楽団といっても、神楽団によって舞方や口上などが異なるなど、神楽に対する考え方そのものに違いがあります。そのため、公演で上演する演目の演じ方の指導だけでなく、神楽の成り立ちや神楽の世界観を講義してくださる神楽団もあります。

このように、神楽を通して学校が地域とつながっていく、その過程で生徒は地域に対する新たな発見をする、それが地域に対する誇りや自分に対する自信を生み出しているのだと思います。

地域リソースを活用する教材化が課題

同好会の練習には、管理職、神楽同好会顧問を中心として毎回3名ほどの教職員が参加していますが、具体的な指導ができる教職員はいません。時折、神楽の経験のある教職員が赴任してくることもありますが、いずれは異動になることもあって、神楽についての知識が豊富な教職員が随時いるということはありません。

また、我が町を代表するこれほどの伝統文化ですから、授業などに取り入れたらどうかという声もあり、総合的な学習の時間での実践を構想していますが、現状では十分な教材研究が進んでいません。

ここが、本校における課題だと考えています。地域に根ざした教育課程の再編が求められている現在、本町の伝統文化である神楽の教材化は急務です。

総合的な学習の時間を軸としながら、国語科、社会科、美術科、音楽科、外国語科、道徳科、特別活動など、様々な教科等の学習内容を関連づけた実践も考えられるはずです。「課題発見・解決学習」の視点から考えても、神楽の可能性は計り知れません。

地域教材を学校のカリキュラムに位置づける、教材化することは容易なことではありません。1人の教師が考えるだけでは実現がむずかしいでしょう。チーム学校として、組織的に単元開発に取り組むことが、本校における最大の課題であると考えています。

小学校教頭　宮地　嗣
中学校教頭　松栄　健吾

Action 08

学びに向かって突き進む環境づくり —市教委の戦略

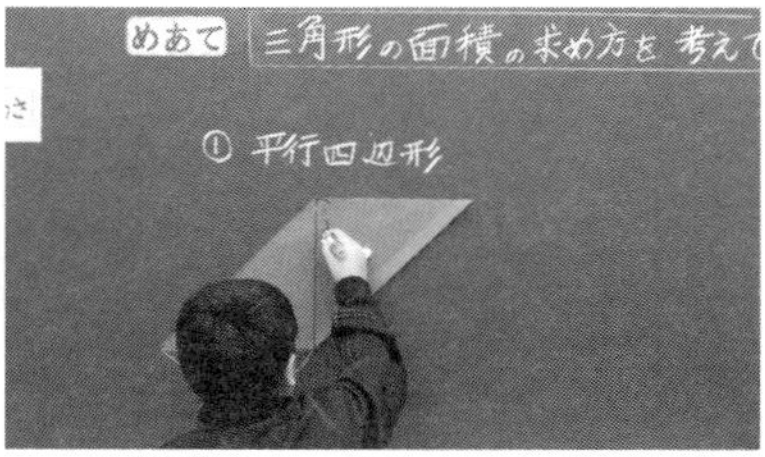

研究を推進するうえでの環境整備

広島県が目指す「学びの変革」とは、「**答えが一つではない問いに向かって、協働して試行錯誤を重ね、自分たちなりの納得解を見つけていく営み**」です。

しかし、どのような営みであれば子ども自身の「主体的な学び」となるのか、その具体の授業の姿まで示されてはいません。そこが（教壇に立つ先生方はもちろん、私たち市教委の職員にとっても）一番の悩みどころでした。いわば、羅針盤をもたないまま大海原に乗り出すようなものですから。

そのような暗中模索の時期に一筋の光をもたらしてくださったのが、京都大学大学院准教授の石井英真先生です。石井先生の指導を仰ぐ機会をつくれたことが、私たちの研究を推進するうえでの最大の環境整備となりました。

きっかけは1冊の本です。

ある日、本市の教育長が購入した石井先生著作の本を教育委員会内で読みはじめます。「学びのあり方」を問い直そうとする私たちにとって必要だった「なにをもって変革とするのか」その本質が明解に示されていました。

目先の『改革』に翻弄されずに、教師一人ひとりが自分の頭で、めざすべき学力や学びや授業のあり方を考えていくには、『改革』の背景にある社会の変化、およびそれに伴う学校に期待される役割の変化といった、根っこの部分をつかんでおく必要があります。

（石井英真著『今求められる学力と学びとは』日本標準、２０１５年）

また、「子どもたちが学ぶ意義や有効性（レリバンス）が感じられるよう、教科学習の意味を問い直す」ことの重要性についても触れていました。このことは、私たちにとって重要なキーワードに思えました。

そこで、石井先生の助力を得られないものかと、県教委を通じて連絡をとることにしました。「たいへん有名でお忙しい先生だから、むずかしいのでは？」という助言を受けましたが、「ぜひお会いしたい」と突撃メールを石井先生に送ったのです。

すると、「どれだけ力になれるか分かりませんがおいでください」という返信をいただき、早速、京都大学まで足を運ぶことにしました。今思えば、なんと強引なアポイントメントだったのだろうと反省しきりですが、そのときは藁をもつかむ思いでした。

教育長、担当指導主事、美土里小学校長、パイロット教員の４人は、京都大学の会議室で石井先生とお会いしました。私たちは、「学びの変革」について説明し意見を求めると、次の指摘がありました。

自分ごとの学びが大切です。そのためには、子どもたちにとって意味のある、学びがいのある課題が必要です。「学ぶ必然性」が、子どもの主体性を生み出すのです。

それともうひとつ。本当に子どもたちの「主体的な学び」を実現するのであれば、教師自身の学びが主体的でなければなりません。そのための学び合える仕組みづくりが先決です。

その後、私たちの熱意が伝わったのか、（なかば強引でしたが）私たちの実践を見てもらう約束を取りつけることができました。

石井先生の論のおかげで、私たちが「変わらなければならないことは何か」、逆に「変わらなくてもいいことは何か（さらに言えば、より伸ばしていけばよいことは何か）」その境界をはっきりさせることができました。

「変わらなければならないこと」とは、かたい授業からの脱却です（Action-01を参照）。「変わらなくてよいこと」とは、子どもたちに「主体的に学び続けられる力」をつけさせたいという私たちの思いであり子ども観です。

「変わらなくてよいこと」を出発点として、「変わらなければならないこと」を着実に変えていければ、私たちが目指す「学びの変革」に辿り着けるはずだという見通しが生まれたのです。

この見通しは、当時の私たちにとって喉から手が出るほどほしかったものであり、漠然とした不安感を払拭してくれました（他方、それがために、これまで私たちが「よし」としてきた授業スタイルをいったん捨て、根本から変えなければならなくなるわけですが…）。

小学校の研究推進力を中学校にもち込む

「学びの変革」は、当初から小学校、中学校、高等学校の各学校段階が並行して進める事業でしたが、なかでも私たち市教委が強く意識したことがあります。それは、いかにして中学校を巻き込むかです。この考えがパイロット校（指定校）を決めるにあたっての基本路線でした。

本市の中学校は、全般的には授業を改善していこうとする機運はありましたが、学校全体として組織的な取組になっているとは言いがたい状況でした。教師個人の努力にのみ立脚するような取組で、ばらつきが大きかったのです。

少子化が進み、学校数が減少する現実、数年で異動を繰り返すなかで、教師個々の才覚、中学校個々の取組に頼るのでは、（たとえ望ましい授業が瞬間的に生まれても）ノウハウが継承されることはないでしょう。

キーマンと言われる教職員（校長を含む）が異動してしまえば立ち消えてしまう…こうしたことは、現実によくあることです。それでは、どのような授業改善も、常に脆弱性を孕《はら》むことになります。

実際、本市では以前から中学校区単位で小中協働の授業研究を進めていたものの、小・中学校の温度差は大きく、中核となっていた教職員の異動をきっかけとして取組が形骸化するような状況でした。

そこで、私たち市教委は、**小学校が有する授業改善の推進力を中学校にもち込むことで、中学校における授業改善を組織化する**ことを考えました。そうすることが、これまでの小中連携の抜本的な見直しにつながるだろうという算段です。

従来より、美土里小学校は学校全体で組織的に授業改善を進めてきた学校の一つでした。また、美土里小学校と美土里中学校は、「美土里連携教育」を軸としてつながり合おうとする土台もありました。当時の私たちにとって、またとない組み合わせです。

美土里小学校の授業改善への熱量を中学校に注ぎ込むことで、小・中学校という枠組みを越えて教職員間の同僚性を発現させる、そうすることで、新しい学びを生み出せるのではないか。こうした点に期待し、美土里小学校をパイロット校、美土里中学校を実践指定校として指定することにしたのです。

教師らしい熱心さが、子どもを授業の主役から降板させてしまう

変化の激しいこれからの社会で、子どもたちが学び続け、たくましく生き抜く力を身につけるためには、一校の独力では限界があります。学校、保護者、地域、行政がその役割を果たしながら「協力」「協働」し、共に子どもたちを育てていくことが必要です。

本市では、平成27年度末、相互に連携しながら子どもたちを育てていく取組を「安芸高田市学力向上戦略」としてまとめました。各校の「学びの変革」を進めるうえでの拠りどころとなるように整理したものです。

「安芸高田市学力向上戦略」には、市内すべての学校、すべての教師が目指す授業のポイントを「安芸高田市授業づくりスローガン」としてまとめています（資料1、2）。

ⓐ　愛情のある授業をつくります。
ⓚ　基礎・基本を習得し、活用する授業をつくります。
ⓣ　対話し、学び合える集団を育てる授業をつくります。
ⓚ　考えが深まる授業をつくります。
ⓣ　互いに見合い、学び合って授業をつくります。

資料１　安芸高田市授業づくりスローガン①

教師主導の教え込むだけの授業では、子どもたちにこれからの社会を生き抜く力を育成することはできない。授業の主体である子どもたち（学習者）中心の授業に転換することで、教師自身の授業観を変えていくことが重要である。１人の子どももとりこぼさない、置いていかない、すべての子どもが参加できる授業をつくるのである。

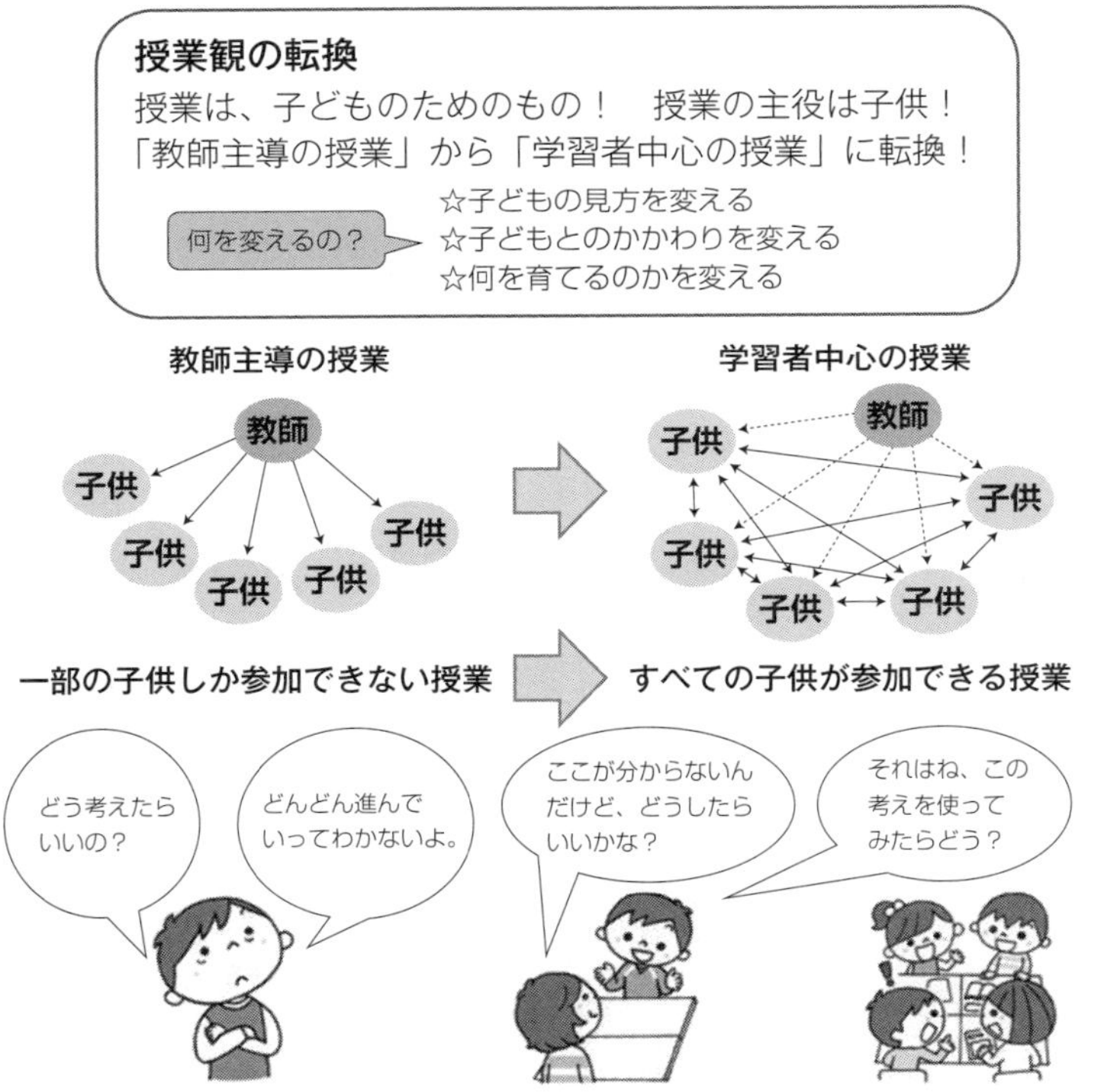

授業観の転換
授業は、子どものためのもの！　授業の主役は子供！
「教師主導の授業」から「学習者中心の授業」に転換！
何を変えるの？
☆子どもの見方を変える
☆子どもとのかかわりを変える
☆何を育てるのかを変える
教師主導の授業
教師
子供
学習者中心の授業
教師
子供
一部の子供しか参加できない授業
すべての子供が参加できる授業
どう考えたらいいの？
どんどん進んでいってわかないよ。
ここが分からないんだけど、どうしたらいいかな？
それはね、この考えを使ってみたらどう？

この授業づくりスローガンは、本市が大切にしている次の授業観に基づきます。

「授業は子どものためのものであり、授業の主役は子どもである」

「安芸高田市学力向上戦略」策定以前

資料２　安芸高田市授業づくりスローガン②

㋟ 対話し、学び合える集団を育てる授業をつくります

～子ども同士の対話、子どもと教師の対話、課題との対話で深まる学び合い～

教師の心得

1　授業の中で、全員の子どもが話す場面（ペア学習やグループ学習など）を作る。

2　つけたい力を明確にし、その力をつけるためにペア学習やグループ学習を行う。
（目的意識を明確にしたペア学習やグループ学習の対話）

3　子どもの意見をつなぐ支援を行う。

学び合える集団

［授業前に教師が行うこと］
・つけたい力を明確にする。
・どの場面でどんなことを対話させるのかを、子どもの実態、教材、つけたい力を総合して考える。

［授業中に教師が行うこと］
・対話ができていないペアやグループへかかわる。（対話ができているペアやグループには口を挟まない）
・困っている子どもには、「隣の人に聴いてごらん」と促す。（「教え合う」ではなく「学び合う」姿勢を大切にする）
・子どもの意見をつなげる言葉かけを行う。
　例・「○○さんの意見を自分の言葉でもう１回言ってごらん」
　　・「○○くんの意見をどう思う？」
　　・「○○さんの言いたいことは何？」　など
・ペアやグループで答えを一つにすることを求めない。
・ペアやグループで対話した内容をもとに、個人で考える時間を保障する。

［授業後に教師が行うこと］
・子どもにつけたい力がついたか、子どもの学びの事実から、自分のかかわりや手立て、授業の流れなどを振り返る。

［日常的に教師が行うこと］
・「聴く」ことを大切にする。
・聴いてない様子が見られたときには、授業を止めてでも聴くことを鍛える。
・「分からない」「教えて」と隣の人に尋ねられる関係をつくる。
・聴いてよかった、話してよかったと思えるよう、価値づけをする。
・学び合いができる座席を工夫する。（グループなら４人まで、男女混合など）

ペア学習やグループ学習で雑談がはじまってしまったら…
課題が簡単すぎる。子どもが夢中になれる課題の提示をしよう！

からも、本市では中学校区を中心として、子どもたちが自分なりの考えを深めていける授業改善を目指していました。そのために、子どもたちが自分の考えをもてる時間をしっかり確保する、教師の発問を軸として子ども同士が考え

を練り合う授業を展開することに挑戦していました。こうした実践スタイルは少しずつ定着していたように思います。

しかし、現実には、自分なりの考えを深められる子どもは、小学校で学級のおよそ6割程度。そのほかの子どもたちは、深めるどころか、学習そのものに参加できない姿が散見される状況でした。

その原因のひとつとしてあげられるのが、「子どもを主役にするためには、あれも教えよう、これも身につけさせなきゃ…」と指導するあまり、授業のなかで子どもがお客さんになってしまうことです。

見方を変えれば、教師らしい親切心や熱心さが、授業の主役であるはずの子どもを舞台から降板させ、自分でも気づかぬうちに授業者自身がその座に躍り出てしまっていたといえます。

実際、次のような授業が見られました。

●たとえ子どもが考える時間を設けても、形だけの取組になってしまう。

→授業者が一方的に話をして、唐突に「じゃあ、とにかく考えてみよう」と言われても、子どものなかに考える必然性が生まれず、そもそも自分の考えをもつに至らない。

●考えを練り合う展開を目指しても、子どもの考えをつなげられず、結局は「じゃあ、こう

考えてみよう」と子ども自身が考えるべき道筋を授業者が限定してしまう。
→自分の教えたいことに執心するあまり、授業者都合で子どもの発言を誘導（または解釈）してしまい、子どもが自分なりの考えを深められない。

こうしたことが、子どもたちの学ぶ意欲を削ぎ落とし、学習に参加できない姿を生み出しているのではないか。このような危機感から作成したのが「安芸高田市授業づくりスローガン」だったのです。

平成28年度になると、校長会、教頭会、市の主催する研修会等の場で、「私たちが本気で授業を改善しようとするのであれば、この学力向上戦略、授業づくりスローガンに基づいた授業を考えていこう！」と繰り返し訴え続けました。

私たちが目指していることは、傑出した「授業づくり名人」を生み出すことではありません。市内すべての学校、すべての教師が、「安芸高田市学力向上戦略」をツールとして、学習者の学びの見取りの充実と「学び合う」集団づくりを軸に、チームとなって組織的に授業を変えていくことを目指していたのです。

小・中学校の垣根を越える同僚性

まず、「授業の主役を子どもに据えた研究協議会であってほしい」「学校が主体となってそのあり方を変えていってほしい」という思いがありました。授業者は自分の指導の手立てを説明するだけ（ときには顔も上げずに手元の資料を読み上げる）、参観者はその場の思いつきレベルの感想を述べるだけ、という研究協議会からの脱却を図りたかったからです。そのために、私たち市教委はどのように各学校をサポートすればよいか。

私たちは「子どもの事実を見取る」「子どもの活動を残す」をスローガンに、子どもがどのように学んでいたかという視点から、指導案の内容、指導方法のあり方、今後の課題を協議し合えるように働きかけることにしました。

具体的には次の視点で授業を参観し、授業参観シートにメモするようにします。

●教師が見取りをする個やグループを決め、どのような学びが行われているのか。
●子どもはどのような発言をしていたか。
●子どもの変容が見られたならば、それは何がきっかけか（友達の発言、教師の発問や声かけ）。

研究協議会では、授業者がまず自分のねらいを述べ、その結果として子どもたちの学びにどんな影響を及ぼしたのか、またその変容の様子を語った後、参観者とともに、子どもの学びの見取りは適切だったか、その学びの深まりを引き出すにはどのような手立てが必要か、あるいはよかった点は何かなどに焦点を絞って協議します。

この研究協議スタイルは、美土里小学校、美土里中学校でも取り組んでいました。その双方の差は歴然で、取り入れた当初は、教師による子どもの学びの見取りに大きな差がありました。美土里中学校の教師は、授業の手立てに意識が集中しがちで、子どもの学びを見取ることが二の次になっていたのです。

そこで、重点的に取り組んだのが、小中合同の研究授業でした。授業研究の1日、**小学校教師は中学校での授業を参観し、中学校教師は小学校での授業を参観し、共に同じ場で子どもの姿（学び）について協議し合う**という取組です（Action-03で詳述）。

この取組によって、小学校教師による子どもの学びの見取りが授業改善にどれだけ寄与しているのか、中学校教師の目に焼きつけることの効果を私たちは期待していました。

そしてそれは、単に中学校教師の意識を変えることだけが目的ではありません。

中学校教師には、小学校教師とはひと味違う「教える上手さ」があります。それを小学校の教師が取り入れることができれば、双方の授業改善がよりいっそう進むと考えたのです。

こうした取組も、一朝一夕にうまくいったわけではありません。小学校、中学校、そして市教委が連携し、何度も何度も粘り強く取り組んだことで、少しずつ成果らしきものが見えるようになったのです。

その最たるものが「同僚性」です。そのポテンシャルは、私たちの想像を上回るものでした。**小学校と中学校という垣根を越えた教職員間の同僚性の発揮は、義務教育9年間を通じた学びを子どもたちにもたらす**ことに気づかされたのです。

学校の主体性を生かすには

先生方が授業を変える拠りどころとなるよう手引きをまとめたのは教育委員会です。しかし、手引きの内容を共有し、上手に取り入れられたのは学校の主体性によるものです。そうした学校の主体性を引き出すことが、私たち市教委のミッションでした。そのためのアプローチが次の2点です。

1点目は、校長をはじめとする教職員がどのように授業を変えようとしているのか、その声に真摯に耳を傾け、ヒアリングを通して現在の課題や今後の可能性を引き出すことです。

具体的には、次の5点を中心に確認します。

- 何を目指しているのか、それはどのような子どもの姿か。
- その学校の学びの特徴は何か。
- 何を通して目指す方向に近づこうとしているのか。
- なぜそれをするのか。
- 何ができているのか。何ができていないのか。

2点目は、指定校の学びを市内に広く普及する場を設けることです。そこで、平成28年度から、指定校のリーダーを中心とする安芸高田市「学びの変革」推進協議会を立ち上げ、本市の「学びの変革」を進めていくこととしました。

美土里小・中学校と、もう一つの実践指定校の3校が自校の取組を整理し、他校の取組と比較したり関連づけたりすることで、さらなる取組の充実をねらいました。

指定校のリーダーたちは、校内の研究、「学びの変革」を推進していくのはもちろんのこと、安芸高田市全体の学びを変えていこうとする意欲にあふれた教師です。その推進力を生かして、企画や運営段階で中心的に役割をもたせ、推進協議会を運営していきました。

授業の提案や実践発表の中でリーダーと確認していたことは、次の2点です。

●具体的な子どもの姿で取組の成果を語ろう。
●学校全体でどう取り組んできたかを語ろう。

学びを深める子どもたちの姿を目の当たりにして、心が動かされない教師はいません。多くの教師が「自分たちもそんな授業がしてみたい」と願うでしょう。その一方で、「自分たちにはきっと無理…」と、マイナス方向に心が動く先生方も少なくありません。

そこで、推進協議会における研究授業や実践発表を通じて、なぜ学びを深める子どもの姿が生まれたのか、指定校が取り組んできた具体の授業イメージを市内全体で共有することにしました。こうしたひとつひとつの取組が、私たちが目指すべき「授業観」の共有につながっていったのだと思います。

安芸高田市教育委員会

Epilogue

希望の教育

安芸高田市が抱える問題と安芸高田市の教育が目指す道

本市は、平成16年3月、旧六町が合併して誕生しました。「人が輝く安芸高田」を将来像に掲げ、「市民一人一人が本市に誇りをもち、心豊かに笑顔で生活していくことができる安芸高田市に」このような目指す姿を思い描きながら、施策を進めてきました。

しかしながら、本市においても、人口減少、少子高齢化の進行を止めるには至っていません。過疎化による児童数減少により、平成30年度には小学校5校が、平成31年度には2校が閉校となり、学校数も減少の一途をたどっています。

一方で、本市においては、近年、外国籍の方の移住が増えてきており、生まれた国も育った環境も文化も違う人々との共存も課題の一つです。また、ＩＣＴの進展により、パソコンやスマートフォン等でいつでもどこでもほしい情報を入手したり、地方にいながらにして遠くの人々とつながることができるなど、急速に進む社会情勢への対応も求められています。

このような本市が抱える課題やこれからの社会の進展に立ち向かい、「市民一人一人が本市に誇りをもち、心豊かに笑顔で生活していくことができる安芸高田市に」していくために、市長が掲げている重点施策の一つが「教育の充実」です。

本市が掲げている「教育の充実」は、変化の激しい社会を生き抜くための学力を身につけさせることはもちろんですが、一番大切にしていることは「人を育てる」ということです。

先行き不透明な社会において、1人で幸せを求めるのではなく、様々な個性をもった人々と協働し、対話し、課題を解決しながら、よりよく生きていく道を探っていく、そのように他者とかかわり合いながら幸せを求めていける人を育てていくことです。

そのためにも、

「安芸高田市で学んでよかった」

「この学校で、この先生に学んでよかった」

そんな学校づくりを安芸高田市すべての学校で推進していくこと、

「学校が大好き　先生が大好き　友達が大好き　自分が大好き」

「学ぶことが楽しい」

そんな子どもたちを育てていくことが、これからの学校が担う最も大切な役割であると考えています。

では、どうすれば、「安芸高田で学んでよかった」「学校が大好き　先生が大好き」といえる学校づくりができるのでしょうか。

美土里発の学びから、そのヒントを見いだすことができます。

美土里発の学び

美土里発の学びの特徴は、「子どもと共につくる」「地域と共につくる」ことを強く意識していることにあります。

新学習指導要領では「社会に開かれた教育課程」が示されていますが、これからの学校で「目指す子どもの姿は何か」「そのためにどのような教育課程を編成するか」「どのように取組を進めていくか」等について、家庭や地域社会と共有していくことが求められています。実際に本市でも、学校、家庭、地域、行政が一体となって「協力」「共同」「協働」し、子どもたちを育てていく「安芸高田協育」を進めているところです。

美土里小・中学校では、目指す学びの姿やつけたい力等について、子どもたちと丁寧に対話を重ねています。この「対話」「議論」するということは、現在多くの教育現場で重要であるとされています。しかしながら、どれだけの学校現場でそれほどの丁寧な「対話」や「議論」が行われているでしょうか。本市においても、学校によって温度差があるのが実状です。

そのなかにあって、美土里小・中学校では、教師がすべてレールを敷くのではなく、目指すゴールや目指す姿を子どもたちと共に考えています。

子どもたちが課題を意識し、やらされるものとして学びをとらえるのではなく、自分たちでつくるものとしてとらえる「自分ごとの学び」を意識していくことは、とても重要です。**ものごとを「自分ごと」としてとらえられるかどうかが「主体的な学び」のポイント**だといっても過言ではありません。そのために、「自分たちはどう考えるか」について丁寧に対話し、議論していくことが重要なのです。

それは、教職員同士でも同様です。

美土里発の学びのもう一つの特徴は、「**同僚性を発揮した学校文化によって育まれるものである**」ということです。

本市が考える「学校文化」とは、「教職員同士」「教職員と児童生徒」「学校の歴史と伝統」「地域の風土と人々」によって育まれる学校独特の雰囲気や校風です。よさを伝え合うとともに、あたたかく指摘し合い、お互いを高め合う学校づくりのなかで、子どもたちに愛情をもった教育実践を行っていくことです。

子どもたちが学習を自分ごととするためには、まず、教職員自身が授業改善を自分ごととしていかなくてはなりません。美土里小・中学校では、子どもたちと同様に「何を目指すのか」「そのために何に取り組むのか」について教職員一丸となって対話し、議論を重ねてきたのです。

美土里小学校がパイロット校の指定を受けた2年目の研究会後の食事会に呼ばれたときのことです。

その会では、楽しく食事をしながら、1年間の取組の成果やお互いのがんばりが語り合われました。会の終盤にさしかかると、美土里小学校の教職員たちが一人ずつ、この1年間の研究を通して学んだことを語りはじめました。校長も、教頭も、パイロット教員も、担任も、養護教諭も、事務職員も口々に自分にとっての「学びの変革」を生き生きと語ったのです。

まさに、教職員一丸となって対話し、議論を重ねてきたことで、教職員が「学びの変革」を自分ごとにした瞬間であったと思います。

美土里小学校には、平成27年度、29年度と、初任者が配置されていました。その初任者のA教諭が、ある市主催研修後に書いたアンケートからも、そのことをうかがい知ることができます。このA教諭は、本書Action-01の冒頭で美土里小に赴任してきたときの不安を吐露していた教諭です。

美土里小学校に来てから，周りの先生にたくさんアドバイスをいただきながら単元開発をしてきましたが、やはり、児童に合った課題設定をすることで、児童の意欲は違うなと、この9か月で強く思いました。児童のために学び続ける教師でありたいと思います。

美土里小に来て、忙しさに慣れず苦しい時期もありましたが、今ではもっと子どものためにがんばりたい！という気持ちでいっぱいです。

自分がそう思えるのは、いつもお手本となる先生方に囲まれているからだと思います。今の環境にいられることに感謝し、がんばります。

このように、目指す子どもの姿や目指す学びを共有し、そこに向かって教職員一人一人が自分の役割を果たしながらかかわっていく、そうした学校文化を創り出す教職員を育てていくことが、これからの社会のなかではさらに重要になってくると考えます。では、たくさん仕事があるなかで、どうやってその対話し議論する時間を確保してきたのか。それは、卓越したカリキュラム・マネジメントによるものです。

学校には必要なことが数限りなくありますが、何よりも「子どもたちと共に学びを創る」「地域と共に学びを創る」こと、「対話し、議論しながら創り上げていく」ことを念頭に置いて、教育内容を取捨選択し、効果的に関連づけています。しかも、小学校6年間だけを見ているのではなく、中学校と合わせて9年間の学びのつながりを見て教育内容を吟味しているのです。

地域と共に学びを創る　安芸高田市の宝を生かす

美土里小・中学校は、地域の素材、人材をうまく教育内容に盛り込んでいます。

私たちの郷土である安芸高田市は、豊かな山々と田園に囲まれ、清らかな川が流れる自然豊かなまちです。日本の名城として指定されている「郡山城」や国の重要無形民俗文化財である「安芸のはやし田」、国の史跡として指定された「甲立古墳」、各地域で受け継がれている伝統「神楽」など、豊かな歴史と文化のつまったまちでもあります。

これらの豊かな自然や歴史、文化は、安芸高田市の宝として、後世に引き継ぐことが大切です。私たちが最も後世に引き継ぎたいと考えているのは、これらの宝は、多くの先人たちが知恵と勇気をもち、お互いに協力し合いながら、地域を守り発展させていただいたものである、ということです。つまり、**豊かな自然や歴史、文化を創り、支えていただいた人々の生きる営みこそが、本市の大きな宝である**ということです。

これらの地域の宝を学習材として教育内容に取り入れることが重要だと考えています。

しかし、こうした取組は、地域に際立った特徴がないとできないのか、安芸高田市だからこそできるのか、というと、そうではありません。これらの歴史や文化は、人と人とのかかわりのなかで紡ぎ出されたものであり、守り発展させてきた人々の絶え間ない営みの積み重ねです。そして、この人と人とのかかわりや営みは、どんな地域でも、どんな場所でも行われていることです。要は、その人と人とのかかわりや営みのなかに、価値を見いだすことができるかにあると思います。

ありふれた自然や歴史や文化、何気ない日常の営みのなかに、どんな価値があるのか、真剣にその素材と向き合い、価値を見いだしていく、そのことこそが、これからの教育を担う私たちの重要な役割の一つであり、その見いだした価値こそが、子どもたちの地域に対する自信と誇りにつながる、その土地（地域）の宝なのです。

このことは、石井先生が記されていた次の言葉にもつながるものです。

> 現代を生きる子どもたちと大人たちに真に求められるのは、見た目の分かりやすさの陰で見落とされがちな見えないものの価値にも光を与えられる、想像力や思慮深さではないでしょうか。

美土里小・中学校がある美土里町は、豊かな自然と様々な文化が色濃く残っている地域です。なかでも、（他の節で詳しく述べていますが）「神楽」は県内外から鑑賞に来られる方も多く、地域の自慢の文化の一つです。

子どもたちは、その神楽を継承している人々や神楽を広めることに携わっている人々との出会いのなかで、地域に対する誇りや、守り続けていくことの苦労や努力を知り、共に守り育てていきたいという思いを強くもち、行動に移しています。

資料　『中国新聞』平成30年３月25日付け

県北

「トンボの楽園」観察・調査

特徴マップや看板作る

安芸高田の美土里小

ヤゴを観測する休耕田に設置された看板を見る児童たち

安芸高田市美土里町の美土里小の3年生が、地域学習の一環で同町に生息するトンボの幼虫ヤゴの観察に取り組んでいる。本年度は13種類を確認。生態環境の特徴をまとめたマップを作ったり、観測場の休耕田に手作り看板を設置したりして、トンボの「楽園」づくりに一役買っている。（山成耕太）

地元住民の協力を得ながら2016年度に学習を始め、本年度は3年生21人が春から同町の休耕田や渓流、湿地など5カ所で調査。県の絶滅危惧種に指定されているハッチョウトンボをはじめ、「生きた化石」と呼ばれるムカシトンボなど13種類のヤゴやトンボを確認した。

学習の成果としてA3判のマップを作製。ハッチョウトンボがいた湿地2カ所は「年中、

水があり、食虫植物のモウセンゴケが生えていた」などの特徴を手書きのイラストを付けて紹介している。100部作り、保護者や住民たちに配った。

今月9日には地元の集会所で住民たち約20人を招いた発表会を開き、マップを紹介した。その後、近くにある、観測するための休耕田に「ヤゴの広場」と書いた手作り看板も設置した。伊藤拓哉君(9)は「ヤゴの存在は美土里町が自然に恵まれた証し。これからもトンボの楽園を守っていきたい」と話した。

そのほかにも、これまであまり日の目を見ていなかった素材を掘り起こし、光を当てる教員もいました。その素材が、地域にたくさん生息する「ハッチョウトンボ」でした。

地方に住む私たちにとっては、日常的によく見かける赤いトンボであり、あまり気にとめたことはありませんでした。しかし、3学年担任のB教諭は、この赤いトンボとその保全に携わる地域の人々に価値を見いだし、教材化することにしたのです（**資料参照**）。

これらの子どもたちの探究を下支えし

たのは、教師の深い素材研究です。小学校3学年担任のB教諭は、地域の自然環境や住んでいる生き物にはどんな特徴や価値があるのか、地域に繰り返し出向いて人とかかわり合いながら調べを進めました。

この素材研究は、決して一人で行われたわけではありません。B教諭が探ってきた素材や情報をもとに、何をどう授業に取り入れるか、何が子どもたちにとって大切な事柄かなどについて、理科に造詣の深い教頭を中心に、様々な教員が繰り返し議論してきたのです。

こうしたさまざまな取組を粘り強く続けてきたことで、子どもたちが地域に愛着をもち、大切にしていこうとする態度につながっていったように思います。そして、そのことが、さらに地域の人を動かし、新たな学びを生んだのです。

自分を取り巻く足元に目を向ける、身の回りにある見落とされがちなものに価値を見いだして光を当てていく、身の回りにあるさまざまな問題から目を背けることなく、一歩立ち止まって考えようとする、このようなことが、これからの子どもたちを育てていく上でとても重要な視点だと考えています。

身の回りにある課題や社会の問題は、常に身近に存在しているにもかかわらず、自ら意識的に見ようとしなければ決して見えてこないものです。そうした見る目を養うことの重要性を感じています。

共に学び続ける子どもたちへ

子どもたちが生きていく未来の社会は、一人では解決できないことがたくさんあるでしょう。そのようなときに、「できない」「自分はだめなんだ」とあきらめてしまうのではなく、**「何を使ったらできるんだろうか」「あの人のアイデアを借りてみよう」と思えることが重要**です。

自分一人でできることは自分ですればいいし、人の助けやアイデアをもらうことでより考えが深まるのであれば、積極的に議論してそのアイデアを自分に取り込めばよいのです。未来を生きる子どもたちにとって、さまざまな個性をもった人々と協働し、対話し、課題を解決しながら、よりよく生きていく道を探っていくことは必要不可欠です。

本市が、授業づくりや学校づくりを考えていく際に「分からないことが分からないと言える」「対話を通して学びを深める」「人とのかかわりを通して人を育てる」ことを大切にしているのは、こうした考えからなのです。

人との出会いを無駄にするのも、自分の糧にするのも、自分次第です。私たちは、安芸高田市で学んだ子どもたちに、人とのかかわりや出会いを自分の人生の糧にしてほしいと願っています。

自分を取り巻く学校の先生、友達、保護者、地域の人々を中心としたかかわりのなかで学びの必然性を追求しながら「学ぶ喜び」を実感できた子どもたちは、将来にわたってさまざまな人とともに学び続ける生き方を会得できると思います。

「安芸高田市で学んでよかった」

「この学校で、この先生に学んでよかった」

「学校が大好き　先生が大好き　友達が大好き　自分が大好き」

「学ぶことが楽しい」

そう実感できる子どもたちが育つ学校づくりを目指し、これからも子どもたちとともに、先生たちとともに、保護者や地域の人とともに、歩み続けていきたいと思います。

子どもたちが、夢と志をもち、生涯にわたって自分色の花を咲かせることを願って。

平成30年7月　安芸高田市教育委員会

石井 英真 Ishii Terumasa
京都大学大学院教育学研究科准教授

日米のカリキュラム研究、授業研究の蓄積に学びながら、学校で育成すべき資質・能力の中身をどう構造化・モデル化し、それらを実質的に実現しうるカリキュラム、授業、評価、教師教育をトータルにどうデザインしていけばよいのかを考えている。小・中・高の教育現場の先生方と一緒に、授業づくりや学校改革にも取り組んでいる。

主な著書に『Round Study 教師の学びをアクティブにする授業研究』（東洋館出版社）、『増補版・現代アメリカにおける学力形成論の展開―スタンダードに基づくカリキュラムの設計』（東信堂）、『今求められる学力と学びとは―コンピテンシー・ベースのカリキュラムの光と影』（日本標準）などがある。

授業改善８つのアクション

学び合えるチームが最高の授業をつくる！

2018（平成30）年７月31日 初版第１刷発行

編著者 石井英真
発行者 錦織圭之介
発行所 株式会社 東洋館出版社
〒113-0021 東京都文京区本駒込5-16-7
営業部 電話 03-3823-9206／FAX 03-3823-9208
編集部 電話 03-3823-9207／FAX 03-3823-9209
振替 00180-7-96823
URL http://www.toyokan.co.jp
装 幀 中濱健治
印刷・製本 藤原印刷株式会社

ISBN978-4-491-03547-5 Printed in Japan